일본의 자치 · 분권

한림신서 일본학총서 82

일본의 자치 · 분권

마쓰시타 게이이치(松下圭一) 지음 | 양기웅 옮김

小花

한림신서 일본학총서 82

일본의 자치 · 분권

초판인쇄 | 2006년 2월 23일
초판발행 | 2006년 2월 28일

지 은 이 | 마쓰시타 게이이치
옮 긴 이 | 양기웅

발 행 인 | 고화숙
발 행 처 | 도서출판 소화
등 록 | 제13-412호
주 소 | 서울시 영등포구 영등포동 94-97
전 화 | 2677-5890(대표)
팩 스 | 2636-6393
홈페이지 | www.sowha.com

ISBN 89-8410-295-4
ISBN 89-8410-105-2 (세트)

잘못된 책은 언제나 바꾸어 드립니다.

값 6,800원

차례

I. 왜 자치 · 분권인가

1. 대지진으로 보는 도시형 사회

1994년 리히터 규모 7.2의 한신(阪神) 대지진은 일본에 도시형 사회가 성립한 이후 거대도시에 대규모로 직접적 피해를 입힌 최초의 지진이었다. 6,000명이 넘는 사람들이 죽었고 재해를 입은 많은 시민들이 고생을 했다. 말할 나위 없이 건물과 생활기반 시설의 파괴도 엄청났기 때문에 거대도시를 본격적으로 복구하는 일이 얼마나 큰 과제인가를 상상해 주기 바란다.

필자는 18세 되던 1948년, 리히터 규모 7.3으로 4,000명이 죽은 후쿠이(福井) 대지진을 경험했다. 이 후쿠이 대지진과 1945년의 패전 때 공습에 의한 전쟁재해가 필자의 원체험(原體驗)을 형성하는 듯하다. 사회 시스템의 붕괴와 재건, 거기에 나타난 인간행동의 양태에 대한 물음이 늘 필자의 사고(思考)의 기저(基底)에 있었다.

필자가 도시형 사회, 특히 거대도시의 위험성을 언급해 왔던 것도 이런 원체험에서 기인한다. 1982년 "도시형 사회와 방위논쟁"(『전후정치의 역사와 사상』, ちくま學藝文庫, 1994년)에서 언급했듯이, 도시형 사회에 진입한 일본에서는 사회구조라는 측면에서 전쟁이 불가능하고, 지금까지의 이른바 보수계 · 혁신계의 방위논의는 양쪽이 모두 헌법논쟁 혹은 외교논쟁의 수준에 머물러 있었고 도시형 사회라는 전제를 제대로 인식하지 않은 안이한 태도였다고 비판한 것도 여기에서 기인한다.

재해를 입은 분들에게는 죄송스럽지만 한신 대지진은 우연히도 이 도시형 사회의, 즉 100만 명 단위의 거대도시의 취약성을 실험실같이 보여 주었고, 거대도시의 구조적 문제점, 이어서 국가 성청(省廳)의 낮은 정책 수준, 그리고 자치체, 국가를 포함하는 행정 그 자체의 한계를 보여 주었다.

한신 대지진의 발생시간이 거대도시가 눈을 뜨기 바로 전인 오전 5시 46분이었기 때문에 직접적인 피해는 오히려 최소 수준으로 머물렀다고도 할 수 있다. 신칸센(新幹線) 등 대량 · 고속 교통시스템이 작동하기 전이었고, 아침식사 준비 이전이어서 화재의 발생원(發生源)도 한정되어 있었다. 또 도시가 활동을 시작하기 전이었기 때문에 고층빌딩의 파괴와 유리의 파편, 간판 등의 낙하에 따른 인명 사상도 적었다. 불행중 다행이었다. 7시 이후였다면 도로 위에서 자동차의 연쇄폭발 등 그 피해는 수십 배가 되었을 것이기 때문이다.

그러나 다른 한편으로는 눈뜨기 전이었기 때문에 대책 · 구조의 초동 단계에서 정보 네트워크가 작동하지 않아 매스컴의 혼란은 물론, 자치체, 국가의 대응도 늦어졌다. 현지의 현(縣), 시정촌(市町村)에서는 자치체 직원 중 재해를 입은 사람도 많았고, 또 중 · 장거리 통근자의 발이 묶이는 교통의 두절 혹은 마비가 발생했다. 정확한 실정은 지금으로서는 파악할 수 없지만, 경찰관과 소방관의 출근율은 높았다고 해도, 고베(神戶) 시청과 효고(兵庫) 현청 등에서는 당일 오후에 20%, 다음날에도 30%의 출근율을 나타냈다고 한다. 현지 각 자치체의 행정조직 자체가 실질적으로 붕괴된 것이다.

분명히 재해는 현행법에도 현(縣), 시정촌(市町村)이 1차적인 책임이 있기 때문에, 국가와 자치체의 초동조치가 늦어진 것에 대한 비판을 받았다. 그렇지만 지진 직후 현지의 행정 붕괴는 아무리 치밀한 준비를 했다 하더라도 도시형 사회의 거대도시에서는 며칠간은 피할 수 없을 것이다. 또 지진이 근무 시간중에 발생했다면 청사의 붕괴를 비롯해 직원의 피해도 많았을 것이고, 마찬가지로 행정의 붕괴가 일어났을 것이다. 그렇다면 이것은 바로 도시형 사회의 거대도시 자체에 고유한 문제점을 나타내는 것이 된다. 거대도시는 취약한 정밀기계 혹은 카드로 만든 성(城)이다.

게다가 도시형 사회를 직접 강타하는 지진은 가옥, 빌딩의 붕괴, 이것에 의한 압사 혹은 화재의 발생뿐만 아니라, 도시설비인 도로, 철도, 전화를 비롯해 수도, 전기, 가스 등 생활기반시설의 손괴를 일으킨다. 그러므로 출근율이 높아도 소방, 구급, 경찰의 활동은 일시적으로는 사실상 붕괴되고, 자위대의 긴급 출동도 극도로 곤란해진다.

이상의 사태는 각 도시가 독자적인 문제점이 있다고 해도 특히 거대도시에서는 그 문제점이 광범위하게 일어남을 보여 준다. 인구 3,000만의 도쿄권 어디에서 대규모 지진이 발생한다 해도 인구밀집지역 혹은 위험가옥지구를 비롯해서 상상을 초월하는 사태가 일어난다. 지금까지 도쿄도(東京都)의 시뮬레이션은 피해를 과소평가하고 있다. 게다가 도쿄에서는 중심가의 액상화(液狀化) 더욱이 해발 제로 미터 지대의 제방 붕괴가 있을지도 모를 일이다.

특히 도쿄권에서는 시구정촌(市區町村), 도현(都縣)의 행정 시스템뿐만 아니라 수도이기 때문에 수상 관저를 비롯한 성청(省廳), 여기에는 경찰청, 소방청, 그리고 방위청, 또 매스컴을 포함한 중추시설도 순식간에 붕괴한다. 그 대책으로 다치가와(立川) 방재관제센터가 세워져 있지만, 헬리콥터로 이동한다고 해도 과연 책임자 가운데 몇 명이나 달려오겠는가.

이번의 초기대응에 관해서 효고현과 고베시 등의 늑장대응을 비판하고 안이하게 중앙정부의 집중대응을 논하는 사람도 있었다. 그렇지만 그러한 비판은 도쿄권 혹은 수도의 현실을 잊고 있는 셈이다. 도시형 사회에서 거대도시의 구조 문제가 바로 여기에 있다. 평상시 만전의 준비를 하고 있다고 해도 정치 혹은 행정의 시스템이 붕괴하는 최악의 사태를 항상 생각하지 않으면 안 된다.

지금까지 일본의 시정촌(市町村), 현, 국가 각 차원의 방재계획은 이 같은 행정 붕괴를 상정하고 있지 않았다. 이 때문에 방재계획 자체가 평상시의 행정을 전제로 만들어져, 형식적인 것이다. 국가 차원에서는 지진을 담당하는 국토청에 숙직제도조차 없었을 뿐만 아니라 수상 관저로의 연락도 충분하지 않았다는 것이 밝혀졌다.

위기관리를 둘러싸고 관료조직의 병리가 작용하고 있는 것은 물론이지만, 더 중요한 것은 도시형 사회에서 거대도시의 대지진에 관해서는 위에서 본 것 같은 최악의 사태에 관한 이미지 혹은 정책 · 제도가 형성되어, 이것이 시민이나 자치체, 국가의 행정기구 또는 정치가에게 공유되지 않고 있다는 것이다. 현지 자치체의 단체장을 비롯해 국가의 내각, 성청, 또 자위대가 한 목소리로 이번 사태는 기존의 대비 수준을 넘었다고 했지만, 실은 도시형 사회의 거대 지진에 관한 이미지를 가지고 있지 않았다. 문제의 핵심이 여기에 있다. 이 때문에 초기에 들어오는 단편적인 정보의 재구성이 되지 않고 이를 과소평가한 결과 초동 대응이 늦어졌다.

지진에 대해서는 지금까지 농촌형 사회의 발상을 넘지 못했고, 도시형 사회라고 해도 최근까지의 지진에 대한 경험은 중간 규모의 도시에서의 경험으로 한정되어 있으며, 또 일본의 공업 기술에 대한 과신이 만연해 있었다. 필자는 지진을 포함한 재해, 혹은 전쟁, 테러를 포함해서 도시형 사회의 취약성을 강조해 왔지만, 그러나 지금까지는 도시형 사회의 거대도시를 직접 강타하는 지진의 구조와 특성에 대한 인식은 물론이고, 최악의 사태에 관한 대비가 되어 있지 않았다. 종래의 자치체, 국가의 방재 계획을 수정해야 하는 이유는 바로 이 때문이다.

도시형 사회가 성립한 이후 최초로 거대도시를 직접 강타한 지진의 불행이 닥친 결과, 지금까지 양적 확대를 지향해 지가(地價)를 끌어올리던 효율형의 도시 만들기 발상이 바뀌고, 시민생활의 질적 정비, 특히 생활에서 원시자치(原始自治, 자치의 주역인 주민들이 서로서로를 인식할 수 있는 상태—역자주)를 살릴 수 있는 거점으로서, 지역에서 시작되는 분절형(分節型, 재해에 강한 도시로서 일정한 범위 내에서 직장과 주거의 근접성이 확보된 도시—역자주)의 도시 만들기라는 과제가 새롭게 재확인된 셈이다. 그렇기 때문에 방재를 포함한 자치체 계획 혹은 도시 만들기 전체의 사고방식을 바꾸는 것과 동시에 개별적인 사업의 수정, 정책 · 제도 기준에서 기술 기준의 개정까지 광범위하고 긴급하게 추진할 필요가 있다. 수도 이전을 해도 문제를 해결할 수 없기 때문에 도쿄도의 워터프론트(water front) 계획 등도 전면적으로 수정하고, 여력을 방재형 도시 개조에 집중하지 않으면 안 된다. 이때 시민 참여 · 직원 참여를 포함해서 정보공개 및 정치절차 · 행정절차의 문제가 제기될 것이다.

도시형 사회의 지진 혹은 재해에 관해서는 다음의 논점을 지적하고자 한다.

(1) 재해시에는 행정이 순간적으로 '붕괴' 한다. 직원 자체 또는 그 가족이 이재자가 될 뿐만 아니라 특히 거대도시에서는 자택이 멀리 떨어져 있기 때문에 왕복할 수 있는 교통기관도 두절되고 파괴된다. 게다가 평상시의 긴급대책 지침도 행정기구가 정상으로 작동하고 있다는 전제 위에 성립되어 있기 때문에, 형식주의 · 공식주의로 흘러서 쓸모없게 되고 당황하게 된다.

또 자위대가 재해 출동하는 경우에 자동차, 헬리콥터 등으로도 현지에 도착하기 어려운 교통 문제가 있고 도착한 후에는 현지의 지리도 잘 모르고 피해 실태를 금방 파악할 수 없기 때문에 현지의 시정촌(市町村)에 의한 유도 · 지시(誘導 · 指示)가 불가피하다. 이것은 이마이(今井清一) 씨의 연구에 의하면, 전시의 요코하마 대공습 때 다른 부현(府縣), 군(軍)의 구조활동에서도 나타난다. 그렇기 때문에 재해 출동의 법제 · 장비의 정비뿐만 아니라, 현지의 시민 혹은 자치체와의 협력을 주요 과제로 하는 실질적인 자위대의 발상 전환이 필요하다.

(2) 시정촌(市町村), 현(縣), 국가(=중앙정부)를 불문하고 대재해 시 행정의 '한계'를 평상시에 시민에게 명시해 두어야 한다. 동시에 문화 수준이 높아진 시민활동, 그리고 정책 수준이 높아진 단체 · 기업과의 네트워크를 포괄하는 행정과 긴급대책의 수립이 평상시에 필요하다. 국내외로부터의 지원을 거절하는, 행정의 자기완결성을 망상(妄想)하는 관청 독선의 시대는 끝났다. 오늘날 시민, 단체 · 기업은 행정의 비교열위 그 자체를 문제시하고 있다. 이번의 경우에도 많은 시민활동가 혹은 자원봉사자, 또 미니커뮤니케이션, 매스컴, 소비생활협동조합, 슈퍼마켓 등의 단체 · 기업이 활약했다. 기업의 대형 크레인이 사건 당일에 등장했던 상황도 상기시키고자 한다. 게다가 자치제간의 상호 원조의 중요성도 새롭게 이해되었다.

한편, 행정은 통상적으로 이전부터 민간 방재조직으로서 안이하게 정내회(町內會) · 부락회(部落會)를 상정해 왔지만, 직접 재해가 발생한 지역에서는 이 정내회 · 부락회도 붕괴한다. 거기에서는 자치형 시민 리더가 새롭게 등장하게 된다.

도시형 사회에서도 평상시 행정은 한정된 범위, 게다가 한정된 수단 · 자원만으로 행동할 수밖에 없기 때문에 행정 자체가 일시에 붕괴하는 대재해가 발생하면 피해는 더욱 늘어난다. 따라서 시민은 행정에 대한 과잉기대를 하지 말고, 시민 스스로 긴급상황에 대비한 비축에서 지역 만들기까지, 시민의 자조 · 공조, 즉 시민방재를 포함한 시민자치에서 비롯됨을 항상 기본으로 생각해야 한다.

(3) 지금까지 방재계획은 예방, 응급, 복구로 되어 있었지만 이것을 방재계획, 응급대책, 부흥계획의 3단계로 바꾸는 것이 시정촌, 현, 국가 수준에서 반드시 필요하다. 그 이유는 행정의 붕괴라는 최악의 사태를 상정해서 간명 · 간결한 조항으로 되어 있는 긴급대책을 지금까지의 장문(長文)을 줄줄 늘여 쓴 방재계획으로부터 독립시켜야 하기 때문이다. 사실, 방재계획은 만들어 '두고 있다' 는 것뿐이었고, 장문이기 때문에 거의 모든 직원은 읽기는커녕 보지도 않는다. 게다가 방재계획도, 위험가옥지구의 개선을 비롯해 일상 행정으로 추진하는 복지 · 녹화와 재개발을 전략수단으로 하는, 재해에 강한 일상적인 지역 만들기 그 자체인 것이다. 특별한 방재계획이 있는 것은 아니다. 지금까지는 방재계획과 응급대책을 뒤바꾸어 왔거나 혹은 방재계획을 종적 분할시책(分割施策)으로 하고 만 것이다.

하지만 장기적이고 종합적인 '자치체 계획' 이 방재계획의 기본이다. 이 자치체 계획은 재해의 피해실태에 따라서 변화하지만 또 부흥계획의 기본이 된다. 이 응급대책, 방재계획, 부흥계획의 3단계를 장기적이고 종합적인 자치체 계획 안에서 시민 참가 · 직원 참가로 정하고 공개해서 끊임없는 토론을 유발하여 늘 재구성하는 것이 필요하다.

사실 도시형 사회의 거대도시에서는 방대한 시멘트와 철 등의 도시 잔해가 나오지만, 이것을 어디에서 처리할 것인가를 자치체 계획과 미리 연결해 둘 필요가 있다. 관동대지진과 전시의 공습에서는 목재가옥이 대부분이었지만, 그래도 잔해처리에 고생했고, 한편으로는 유감스럽게 운하 등의 매립이 있었고, 다른 한편으로는 요코하마의 야마시타(山下) 공원조성이 이루어졌다는 사실을 상기시키고 싶다.

특히 응급대책으로서 위성을 사용하는 하이테크 등의 시스템도 물론 필요하지만 일상생활에서 시민의 감각을 살린 계획도 필요하다. 우선 붕괴된 목조가옥에서 구조하기 위해서는 톱과 자키 또 이동식 소방 펌프 등이 필요하다. 크레인차, 소방차가 올 때까지 기다릴 수 없다. 방화수조, 우물 등과 위험물 저장지, 산사태가 났던 곳까지의 위치를 명시한 방재 지도의 공개 · 배부 등을 일상적으로 하지 않으면 외부로부터 구조가 와도 대응할 수 없다.

또 긴급비축은 기본적으로 시민들 스스로가 해야 하지만 자치체의 비축에 관해서는 행정 자체가 붕괴하기 때문에 시민이 긴급비축을 배포하는 시민관리의 요령을 항상 시민과 함께 생각해 두어야 한다. 방화, 음료수의 관리 등도 마찬가지이다. 이것이야말로 자치의 원형이 아닐까? "식량과 물의 비축이 있으니까 시민 여러분, 안심하십시오!" 라는 식의 전지전능한 관청 통치의 사고방식으로서는 대응할 수 없다.

건설성 등 국가성청도 지진 직후 요구되는 긴급가설주택, 파괴된 맨션 등의 빌딩대책에서 시작되는 응급, 부흥의 법수단을 도시형 사회가 들어선 지 30년이 지나도록 준비하지 못하다가 이번에 겨우 뒤늦게 대응에 나서고 있다. 국가성청에서는 도시형 사회에서 지진 문제 그 자체에 대한 이론 설정 혹은 정책·제도개발이 되어 있지 않았다. 긴급시에 일상의 시정촌, 현, 국가의 정치·행정 수준이 드러나고 비판을 받게 되었다.

이상의 (1) (2) (3)은 순환하고 있다. 특히 여기에서 현행법도 그렇게 되어 있지만, 시정촌의 정치·행정책임의 무게를 확인시키고 싶다. 일상시는 물론 재해시에는 더욱더 정책의 입안·실시에서, 국가는 추상적인 틀, 광역자치체인 현은 중간적인 틀, 기초자치체인 시정촌은 구체적인 틀을 맡는다. 즉 시정촌은 현지에서 직접적인 종합책임을 지고, 현과 국가는 시정촌에 대한 지원책임을 진다.

국가로부터의 응급대책, 긴급출동, 혹은 전국 규모의 시민 자원봉사자와 단체·기업의 원조, 또 자치체간의 광역지원 혹은 국제협력이 있어도 '지리를 잘 아는' 현지 시정촌과 시정촌을 보완하는 현이 지휘를 하지 않는 한, 밖으로부터의 긴급출동, 또 긴급원조도 효과적으로 작동하지 않는다. 앞에서 말한 대로 이것을 꼭 생각해 주길 바란다. 국가 의존적인 자치체는 여기에서 즉시 대응할 수 없다. 기초 자치체로서 시정촌이 우선 자립적인 직접 책임을 지는 것이 불가결하다.

또 재해시 긴급사태에서는 종적 분할적인 법규, 권한·재원 혹은 조직에 집착하는, '법집행'의 관료의식으로는 대응할 수 없다. 일상의 정보공개·시민 참가, 혹은 정책개발·정책실무상의 충분한 경험의 습득이야말로 시정촌, 현, 국가의 행정직원에게 요구되는 것이다. 법준거의 권한 · 재원으로부터 출발하는 정형(定型)적인 제도형 사고를 넘어서 구체적인 상황에 대응해서 문제해결을 할 수 있는 '정책형 사고'가 개개의 행정직원에게 요청된다. 거기에는 지침 혹은 상정했던 상황과는 다른 사태가 끊임없이 일어나기 때문이다. 물론, 행정기관의 단체장 · 의원 등의 정치가에게는 비일상적인 최악의 사태에서 결단이라는 리더십이 필요하다.

앞에서도 언급했지만 이번의 지진에서도 자조 · 공조적인 시민활동이 전면에 크게 부각되었다. 특히 시민자원봉사자의 대규모 활동은 일본에서 최초의 경험이라고 해도 좋을 것이다. 이것이 도시형 사회에서 처음으로 성립되는 시민자치의 원형이다. 우선 종전의 발상에 의한 방재 시민조직인 정내회 · 부락회도 지진이 심하게 발생한 지역에서는 붕괴하고 시민형의 새로운 리더가 등장한다. 이것과 더불어 전국 각지의 다양한 자원봉사자, 혹은 공식적인 자치체간의 지원 외에도 전국에서 자치체 직원의 자원봉사도 있었다. 한편 미니 커뮤니케이션(가령 지역신문 —역자주), 매스컴, 소비생활협동조합, 슈퍼마켓 혹은 건설업, 운송업을 포함한 단체 · 기업의 대응능력과 정책 수준은 높아지고 있다.

이에 대해 행정은 자치체와 국가 모두 관청우월의식을 가지고 있기 때문에 즉시 대응할 수가 없었다. 메이지(明治) 이후, 일본의 행정은 자치체를 포함해서 관치 · 집권형 혹은 폐쇄 · 독선형이기 때문에 수준이 높아진 시민활동 혹은 단체 · 기업활동과 네트워크 만들기에 익숙하지 않다. 필자는 이것을 도시형 사회에서 행정의 열등화라고 말하지만, 일상적으로 네트워크형의 열린 행정에서 행정직원들을 훈련시키지 않으면 재해시에 잘 대처할 수 없다.

자치체는 '국가의 위엄을 빌린 여우' 여서는 안 되고 시민의 신탁을 받은 시민의 정부라는 책임의식이 있어야 한다. 시민의 문화 수준이나 단체 · 기업의 정책 수준의 변용이라는 이러한 도시형 사회의 문제 상황에 대해 시민으로부터 출발하는 자치 · 분권형의 정치 시스템을 창출하지 않으면 정치 · 행정 자체가 정체되고 만다.

이번의 불행한 대지진을 보아도 자치 · 분권정치의 창출이 급선무이다. 현지로부터 멀리 떨어진 도쿄의 성청에서 어떻게 현지에 직접 대응할 수 있다고 생각하는가? 국가 차원에서 특별한 전문 긴급조직을 만들 필요도 있지만, 이것도 현지의 지리감각이 없기 때문에 현지에서 능력을 전부 발휘할 수는 없다. 기본적으로 시정촌, 다음으로 이것을 보완하는 현의 지휘야말로 현지에서는 반드시 필요하다. 관동대지진에서도 국가가 임명한 부흥원 총재(復興院總裁)는 현지의 지리감각과 인맥을 가진 전(前) 도쿄 시장인 고토 신페이(後藤新平)가 되었다는 것을 상기시키고 싶다.

물론 자치 · 분권정치에서도 국가는 독자적인 책임과제가 있다. 그렇지만 국가의 응급대책은 인원 및 권한 · 재원을 현지 자치체에 집중시키기 위한 큰 틀을 만드는 수준에 머물기 때문에 현지의 시정촌, 현의 정책 수준 혹은 정치책임이 요구되는 것이다. 게다가 국가의 방재 기준, 응급대책을 종전의 농촌형 사회에서 오늘날의 도시형 사회를 전제로 조속히 개혁하는 것이야말로 이번 사태의 교훈이었다.

국가 차원의 응급대책은 큰 틀의 전략지원이 되고 구체적인 해결은 현지 자치체의 책임이 된다. 그렇다면 평상시부터 자치 · 분권형의 정치 · 행정을 어떻게 만드는가가 새로운 과제가 된다. 관치 · 집권형의 정치 · 행정으로는 시정촌, 현이 국가 의존적이 되기 쉽다. 따라서 다시 한 번 각 시정촌, 현의 지역적 개성을 살리는 정책적 책임, 그리고 지역의 정부로서의 정치적 책임을 강조한다.

2. 「지방분권대강법」(地方分權枠組法)과 자치체

전후 50년, 즉 패전에서 반세기를 거쳐 분권화가 국제화와 더불어 요구되고 있다. 지금 현재는 「지방분권추진법」(1995년)이 되었지만, 「지방자치법」의 재편에 해당하는 「지방분권대강법」의 책정 문제가 최근 수년 동안 논의되어 왔다.

'55년 체제' 의 붕괴라는 구 자민당 장기정권이 끝난 뒤, 일본의 전략과제가 된 분권화 · 국제화를 향한 제도개혁이 새롭게 긴급한 과제가 되고 있다. 오늘날의 기본 쟁점은 여기에 있다. 일본의 정치과제는 애매함, 불투명성 등이 아니라 바로 여기에 있는 것이다.

이 분권화 · 국제화를 둘러싸고 구체적으로는 「지방분권대강법」의 책정에 의한 정치 · 행정의 '지방분권' 이 만들어 내는 국가 성청의 국제정책에 대한 숙달, 그리고 국제경제조정을 위한 산업 · 금융의 분권화라고 할 만한 '규제완화' 가 긴급한 쟁점이 된 것이다. 분권화는 국제화와 연동하고 있다.

이 분권화 · 국제화를 향한 제도개혁에 착수하지 않는 한, 넓게는 시민생활의 질적 정비는 물론, 긴급한 재해 복구로부터 산업구조의 전환에 이르기까지 적절히 대응할 수 없고, 또 행정의 열등화를 극복할 수 없다. 게다가 도쿄 일극 집중을 위시한 취약한 국토구조를 다핵, 분산시키고, 전국의 각 지역 내지는 각 자치체가 독자적으로 직접 세계와 연결되기 위해서도 관치 · 집권행정의 분권화 · 국제화가 불가결하다.

이 분권화 · 국제화라는 오늘날의 기본과제는 메이지 국가의 해체 · 재편을 의미한다. 메이지 시대에 만들어져 폐쇄성 · 독선성을 가진 국가주권 내지는 '국가통치' 를 내걸어 온 관치 · 집권정치의 재편, 즉 '시민 자치' 로부터 출발하는 자치 · 분권정치의 창출이 이것이다. 분권화, 국제화는 말하자면 일본 근대화의 최종 국면을 이루는 '정치개혁' 의 의미를 지닌다.

정치개혁이 불가피하게 된 배경은 말할 것도 없이 일본 나름대로의 근대화, 즉 공업화 · 민주화의 성숙 때문이다. 메이지 시대에 시작된 국가, 즉 관료가 주도하는 근대화가 2천 년에 걸친 일본의 농촌형 사회를 바꾸고, 거의 1960년대부터 1980년대에 걸쳐 도시형 사회가 성립되었다. 일본은 과거 서양에서 추진했고 오늘날 아시아, 아프리카 등에서 급선무가 된 근대화를 역사의 굴곡을 거치면서 일본 나름대로 끝내게 되었다.

그 결과 이 같은 도시형 사회로의 이행을 전제로 하는 지방분권, 규제완화라는 형태로 관치 · 집권형의 행정기구를 자치 · 분권형으로 개조하지 않으면 안 되었다. 1993년 냉전의 종언을 배경으로 전전(戰前) 이후의 보수지배층을 총결집한 구 자민당 장기집권이 붕괴한 것은 그 시작의 첫걸음이었다.

그 후 어지러울 정도로 변하는 연립정권은 이러한 의의를 가진 분권화 · 국제화를 모색해야 하는데 타성에 젖어 여간해서는 잘 변하지 않고 있다. 특히 이른바 '55년 체제' 를 담당했던 자민당, 사민당 등의 연립정권에 대해서는 이 개혁을 추진할 수 있는지의 여부를 준엄하게 지켜 볼 생각이다.

오늘날 급선무가 된 관치 · 집권형 행정기구의 제도개혁은 복지 · 도시 · 환경 혹은 산업 · 교육 등의 개별 정책영역의 개혁과는 달리 일본 근대화의 추진력이 되어 온 관료조직 전체, 즉 국가로부터 자치체까지를 포함한 행정기구의 개편이라는 정치혁신의 의미를 지닌다. 개혁은 단번에 이루어지지는 않겠지만 앞에서 언급한 바와 같이 개혁은 메이지 국가의 해체 · 재편이다.

시민 정치주권의 행사를 위한 절차인 중의원 선거는 과도적이긴 하지만 드디어 개혁의 첫걸음을 내딛고 있다. 개혁의 첫걸음이라고 말하는 것은 도시형 사회로의 이행에 수반되는 인구이동을 반영하기 위해 현행의 인구비례 최대 3배를 2배 전후로 조정하는 형태로 농촌 과잉대표의 수정이 시작되었기 때문이다. 앞으로 중의원(衆議院)에서는 인구비례에 의한 대표, 참의원(參議院)에서는 현별(縣別) 대표라는 구조를 관철시킬 필요가 있다. 인구 완전 비례를 실행한다면 중의원에서 도시 대표가 증가하는 큰 변화가 생긴다. 그러므로 참의원은 각 현에서 같은 수의 의원을 선출하고 중의원과 균형을 맞추게 된다. 여하튼 국가 차원의 정치도 선거방식에 의해 변하는 것이라는 사실을 이해해 둘 필요가 있다. 과거의 자민당 장기집권도 그 후반기는 종래의 선거방법으로 성립된 허상이었다.

소선거구제, 정치자금을 둘러싼 이번의 선거법 개정은 분권화와 동시에 이루어지든지 혹은 분권화를 선행시켜야 한다고 생각한다. 소선거구에서는 국회의원 한 사람이 국가가 가진 권한 · 재원의 배분 경로를 독점한 소영주(小領主)가 될 가능성이 있기 때문이다. 분권화가 선행되지 않으면 국회의원의 활동을 국가 차원의 과제로 순화(純化)시킬 수가 없다.

도시형 사회로의 이행에는 국가, 자치체를 포함한 정치의 개편, 즉 메이지 국가의 재편이 급선무이다. 패전에 따른 '전후 개혁'은 메이지 국가에서 하나의 중핵이었던 군(軍)을 없애고, 헌법개정과 함께 '이에'(家)제도(출신, 가문 등 소속집단을 중시하는 제도, 궁극적인 이에제도는 천황제—역자주)의 폐지로부터 농지개혁, 노조해방, 재벌해체에 의해 국내시장을 확대하고, 일본의 기적이라고 불리는 전후의 경제성장을 준비했다. 그러나 미국의 점령이 간접통치방식이었던 것과 연계되어 메이지 국가의 중핵을 구성한 관치 · 집권형 행정기구는 신헌법에 대한 미세 조정만 이루어졌을 뿐, 실질적으로는 그대로 남아 있었다. 비록 미국 점령의 틀 안이었지만 종래의 관료들이 「지방자치법」의 제정을 비롯한 전후 개혁에 수반되는 법개정을 주도한 것이다.

이 때문에 전전형(戰前型)인 관치 · 집권정치를 계승했을 뿐만 아니라 전시의 총력전을 형성한 정내회(町內會) · 부락회(部落會), 혹은 산업 · 금융의 통제기술이 전후에도 남았고, 일본형 코포라티즘(조합주의—역자주), 즉 정관재(政官財) 복합이라는 전후 정치의 구조 · 체질을 형성하게 되었다.

이런 배경에서 전후 반세기가 지나 도시형 사회의 성립에 따라 관치 · 집권정치를 추구한 성청(省廳) 중심의 정관재 복합의 개편을 의미하는 자치 · 분권정치의 창출이 본궤도에 오르게 된 것이다. 제1절에서 언급한 한신 대지진에서도 분권화가 불가피함이 분명해졌다.

이 분권화에 관해서는 1990년대에 들어와 자치체 전문가 사이에서 폭 넓은 합의가 이루어졌다. 주지하듯이 우선 1993년 자민당 장기정권의 붕괴 후 국회에서 중의원(衆議院) · 참의원(參議院), 양원(兩院)이 전회일치(全會一致)로 분권결의를 했다. 메이지 유신 이래 처음 있는 결의였다. 1993년에는 가나가와(神奈川)현 주최 "지방 시대 심포지엄"에서 지금까지의 개혁안을 정리하고 국가의 권한 · 재원을 국가의 책임범위를 제외하고 자치체의 권한 · 재원으로 내리는 '수직분권'이라는 사고방식을 정리했다(제2장 참조).

이 수직분권이라는 사고방식에 대해서 1994년에 들어와 지방 6개 단체, 자치노(自治勞, 자치체와 자치체 관련의 공공 및 민간에서 활동하는 노동조합이며, 전국 102만 명의 조합원, 3,100여 개의 조합이 참가하고 있음—역자주), 또 국가의 지방제도조사회, 행정개혁추진본부 지방분권부회전문위원의 거의 공통된 합의가 있었고, 다음으로 문장 표현의 뉘앙스는 각각 다르지만 권한에 있어서는 '기관위임사무'의 원칙 폐지, 재원에서는 '3할 자치'(三割自治)의 전면개혁이 문제가 되었다.

그러나 이러한 논점정리가 메이지 국가형의 훈련을 받고, 오늘날의 분권화 · 국제화라는 과제에 대응할 수 없는 국가의 관료 혹은 성청의 반격을 받아 1994년 말, 내각의 최종안인 「지방분권대강」(地方分權大綱)에서는 핵심이 모두 빠지고, 지방분권추진위원회의 설치법으로 왜소화된 「지방분권추진법」이 1995년에 성립되었고 이 위원회의 활동을 기다리게 되었다.

그렇지만 국회는 국권의 '최고기관'(헌법 41조)답게 개혁의 기본인 분권화의 「대강법」(枠組法)을 독자적으로 책정하게 되었다. 여기에서 문제가 되는 것은 메이지 헌법을 계승한 전후헌법 운용의 현실이다. 오늘날도 국회를 국권의 '최고기관'으로 하는 신헌법의 국민주권형 권력분립이 부정되고 내각 · 행정기구가 국회, 재판소의 개입을 배제하는 메이지 헌법 단계의 국가주권형 권력분립의 사고가 횡행하고 있다. [그림 1]은 권력분립이라고 해도 국민주권형과 국가주권형이 얼마나 다른가를 보여 준다. 사실 과거의 보수계 · 혁신계를 불문하고 일본의 전후헌법학은 국가주권형 권력분립의 사고를 계속해서 유지하고, 국회가 '최고기관'이라는 규정을 실제로는 '미화하여 부르는' 정도로 간주하고 있었던 것이다. 놀랍지 않은가?

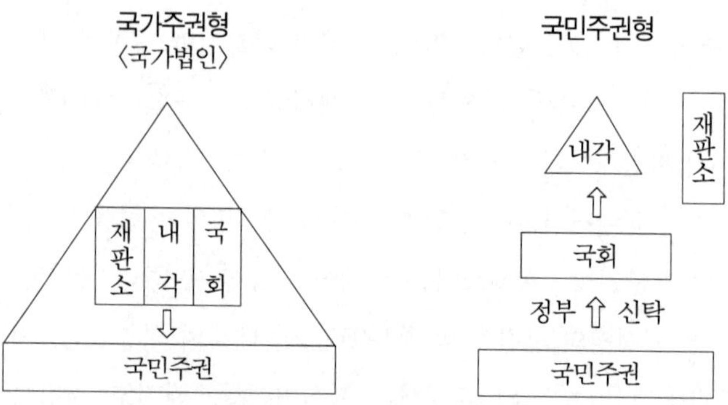

[그림 1] 국가주권과 국민주권의 구조대립

이 때문에 국회는 내각 · 행정기구가 제출하는 법안을 심의 · 등록하는 것만으로 족하다는 전전의 관행이 전후에도 계속되어 왔다. 분권화 · 국제화라는 국정의 기본정치사항에 관해서는 국권의 '최고기관' 에 걸맞게 독자적으로 국법의 입안 · 책정을 추진하는 훈련과 조직이 오늘날의 국회에서도 여전히 미숙하다. 국회가 '최고기관' 으로서 법을 만들 준비가 되어 있지 않다는 것이 신헌법 50년을 맞이하는 오늘의 현실이다.

국가 성청의 권한 · 재원의 분권화를 지향하는 「지방분권대강법」을 성청이 입안할 리가 없다는 것은 누구라도 알 수 있지 않겠는가? 따라서 개별 정책의 입안에 대해서는 물론이고 '최고기관' 으로서 국회의 과제가 바로 여기에 있다. 결국에는 분권화에 관해서 메이지 헌법 이후 전후까지 계속되는 국회, 내각, 행정기구를 둘러싼 헌법 운용의 개혁, 즉 '헌법 문제' 에 도달하게 된다. 이것이 오늘날의 분권화를 메이지 국가의 재편이라는 정치개혁으로 보는 또 하나의 이유이다.

한편, 이 분권화를 추진하기 위해서는 자치체의 자기혁신 내지 정부로서의 성숙이 불가결하다. 물론 자치체에서도 가짜 전표에서 뇌물 스캔들까지 국가 차원의 문제와 마찬가지의 문제가 있고 앞으로 투명화가 진전되어도 인간들의 집합이기 때문에 그러한 문제는 여전히 남을 것이다. 게다가 자치체의 단체장 선거가 왜 각당 공조(各黨相乘り) 혹은 무풍 선거(無風選擧)로 치러지는가라는 문제도 남아 있다.

그렇지만 기본 논점은 오늘날 자치체의 과제가 확충되고 또 능력이 강화되었음에도 불구하고 행정은 지금까지와 마찬가지로 국법의 지배 또는 국법의 집행으로 간주되어 전국적으로 획일화되고 독자적인 정책 · 제도개발이라는 자치체의 가능성과 책임을, 국가 성청은 물론이고 국가 숭배를 계속하는 시민 혹은 저널리스트, 사회과학자도 생각하지 않았다는 점에 있다. "누가 해도 같다"라는 말은 이 같은 관치 · 집권형의 전국 획일적인 행정으로부터 나온다.

1960년대, 70년대의 시민활동은 정치 · 행정에 대한 시민규범 도입을 지향했지만, 당시 지역행정은 아무것도 없는 빈곤한 상태였기 때문에 무엇인가를 '쟁취하는 형태'의 시민활동이기도 했다. 당시는 도로의 포장조차 되어 있지 않았고, 공원도 없고 보육원도 부족하고 의무교육이었던 초등학교, 중학교도 남루했던 시대였다. 이 단계의 시민활동이 쟁취형의 성격을 갖는 것은 당연하다고 생각하며, 필자는 이를 시빌 미니멈(civil minimum, 근대적 대도시가 갖추어야 할 최저 한도의 조건, 사회권, 생활권의 의미—역자주)의 양적 충족 단계로 규정했다.

그 당시 헌법학자들은 시빌 미니멈으로서 시민의 생활권에 대해서 언급하고 있는 헌법 25조는 선언조항일 뿐, 정부책임은 없다고 말했고, 또 당시의 혁신계 운동은 소련, 중국과 같은 후진국 혁명의 영향을 받았기 때문에 복지는 노동자 계급을 매수하기 위한 전술이라고 논쟁하였다. 당시는 아직 시빌 미니멈 이전의 농촌형 사회의 사고가 지배적이었다.

그럼에도 불구하고 1960년대에 시작되는 도시형 사회로의 이행을 배경으로 하여 시민활동이 분출하고, 혁신 자치체가 곳곳에서 출범하여 지금까지의 혁신운동이 상정해 온 노동조합 주도와는 다른, 자치체 주도의 시빌 미니멈의 공공정비가 혁신시장회(革新市長會)의 강령이 되었다. 이어서 1980년대 시빌 미니멈의 양적 충족이 어느 정도 이루어졌다는 전망이 서게 되었을 때, 혁신 자치체는 그 역할을 끝내게 되었다. 역사는 직선형으로 진행하지는 않는다.

1990년대에 들어오면 보육원, 유치원, 초 · 중 · 고등학교도 넘쳐 나게 된다. 공해는 반영구적인 과제이지만, 지금 일본의 자치체가 몰두하고 있는 것은 전국 평균 50% 정도 정비되어 있는 하수도 문제이다. 이 하수도의 정비는 혁신 자치체가 빨리 시작했기 때문에 도쿄도(都)의 다마(多摩)에서는 거의 대다수의 시가 100%의 정비를 완료했다. 오늘날 하수도를 제외하면 시빌 미니멈의 '양적 충족' 은 거의 끝나고 일본의 자치체는 새롭게 '질적 정비' 의 단계에 들어갔다.

혁신 자치체의 시대라고 불리는 1960년대부터 70년대에 걸친 이른바 보수-혁신의 구(舊) 대립은 미소 냉전을 반영한 이데올로기의 차원도 있었지만, 자치체 차원에서 대립은 우선 첫 번째로 '국가 주도 산업개발' (보수계)인가, '시민 참가에 의한 시민복지' (혁신계)인가를 둘러싼 것이었다. 이 논쟁에서는 혁신이론이 승리하였고 그 후 슬로건의 대립은 없어졌다. 두 번째는 당시가 모든 것이 절대적으로 부족한 시대였기 때문에 쟁취의 우선순위가 쟁점이 되었다. 보수파가 공장유치를 주장한 반면, 혁신파는 복지시설을 요구했고, 한쪽이 도로의 신설이라고 하면, 다른 편은 공원이라고 주장하는, 이른바 쟁취 우선순위의 대립이었다. 그렇지만 1990년대에 들어오면 시빌 미니멈의 양적 충족으로 인해 쟁취형의 쟁점도 거의 없어졌다. 이 두 가지가 이른바 지자체 선거가 '무풍 · 각당 공조' 선거가 되어 버린 배경이다.

그렇다고 해도 오늘날 쟁점이 다 없어진 것이 아닌 것만은 확실하다. 현재 녹화, 교육, 고령화로부터 환경, 주택, 방재까지 생활의 질과 관련된 문제들, 혹은 거품경제기에 만들어진 대형 프로젝트의 수정을 포함한, 지역 또는 자치체의 다양한 긴급 쟁점들이 있다. 이 쟁점을 표면화시켜 정치화하기 위해서는 '도부이타' 의원(ドブ板議員, 자신과 자신의 소속집단, 지역이익만을 위해 움직이는 정치가—역자주)이라고 불려지는 쟁취형의 정치가로는 더 이상 불가능하고, 자치체의 정책 수준 전체를 수정해서 양적 충족을 넘어서는 질적 정비라는 형태에서 정책 제기를 할 필요가 있다.

그렇다고 한다면 지자체의 단체장 · 의원 혹은 정당은 정책 만들기를 둘러싼 발상을 바꾸고 수정해야만 한다. 시민활동도 쟁취가 끝난 오늘날에는 오히려 지구규모의 환경과 지역 개성을 갖는 문화를 포함하여 시빌 미니멈의 질적 정비를 둘러싼 운동이 되어가고 있다. 특히 행정의 열등화를 극복하기 위해 시민 참가 · 직원 참가를 비롯하여 정보공개 · 행정절차 등 행정 스타일의 전환을 추구해 가는, 기존 행정기구의 혁신이 시민활동 혹은 단체장 · 의회의 정치과제가 된다.

국회의원도 마찬가지지만, 자치체의 직원도 아직 쟁취형의 양적 충족 단계의 발상에서 벗어나지 못하고 질적 정비를 향한 행정혁신, 즉 행정의 수준, 스타일을 바꾸는 정책능력을 가지고 있지 않다. 이로 인해 행정혁신은 그 쟁점을 상실하고, 정당 공조형의 단체장이 전면에 나섬으로써, 행정혁신은 이권의 분배로 변질되기 쉽다. 그러므로 시민형 단체장 후보자가 나오면 이런 상황을 돌파할 수 있다고 해도 전체적으로 보면 향후 한동안은 무풍 · 정당 공조 선거가 계속될 것이다.

이른바 무풍 · 공조 선거란 자치체 의회의 의원들이 서로 이권을 분배하면서 반드시 당선될 자치체 단체장 후보자를 '담합'으로 정하고 본래의 시민에 의한 단체장 선거를 요식행위로 만들어 버리는 구조의 성립을 말한다. [그림 2]를 보면 '수장제'의 단체장 선거를 요식화해서 의회 공조의 다수파가 '의회제'와 같이 단체장을 실질적으로 결정하는 셈이다. 물론 '수장제'(首長制)를 위한 단체장의 직접 선출은 시민의 권리이므로 시민형 후보자가 등장하면 예전의 혁신 단체장이 그러했듯이 평가는 별도로 하더라도 1995년의 아오시마 · 노크(青島 · ノック, 전 도쿄 도지사 青島幸男와 전 오사카부 지사 横山ノック의 합성어, 1995년

통일 지방 선거에서 이 두 사람은 무당파로 출마하여 당선됨으로써 무당파층의 반란이라고 할 수 있는 현상을 '아오시마 · 노크' 라고 함—역자주) 현상과 같이 부동표를 결집해서 당선되고 의회의 공조 다수파를 무찌르게 된다. 이른바 무당파의 부동표에는 무풍선거를 지향해서 공조하는 정치가 내지는 정당에 대한 비판표도 포함된다. 이런 의미에서는 시민의 정치적 성숙이 요청된다.

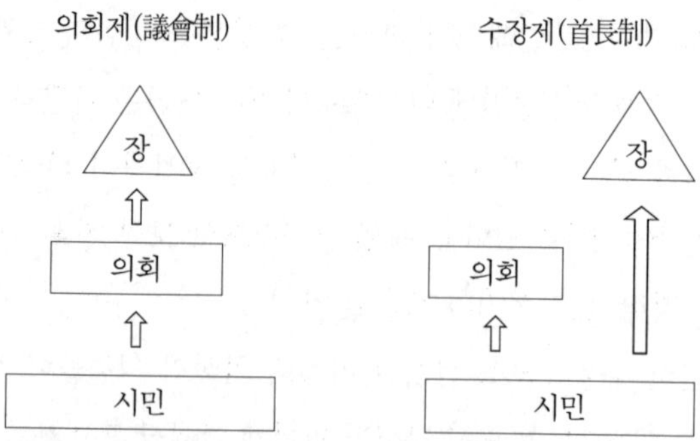

[그림 2] 정치제도의 2가지 유형

도시형 사회에서 우리 시민들이 생활의 질을 바꾸기 위해 정책 · 제도개혁을 지향하고, 정치가도 이권을 획득하여 선심을 쓰는 정책을 탈피하여 행정혁신 내지는 정책 · 제도의 스타일 전환을 드라마화해서 요구할 수 있게 바뀔 때, 그때 비로소 자치체로부터 국가까지의 정당재편이 이루어지고 정치가 바뀔 수 있다. 물론 이렇게 되기까지는 시간이 걸린다.

민주정치는 선거로부터 출발하기 때문에, 우리들은 시민의 문화 수준을 넘는 정치가를 가지는 것이 불가능하다. 이것이 민주정치의 어려움이라 할 수 있다. 민주정치에서는 시민의 자기 책임이 끊임없이 추궁된다. 즉 각 단체장 · 의회의 수준은 자치체, 국가를 불문하고 시민의 수준을 반영한다. 게다가 자치체, 국가를 불문하고 관료, 직원들이 잊고 있는 것은 관료 · 직원의 수준도 단체장 · 의회의 수준과 상관관계에 있다는 것이다. 그러나 단체장과 의회만을 문제시하여 예산의 낭비나 정보공개의 반대 등의 직원기구의 실상에 눈을 가릴 수는 없다.

또 국가만이 아니라 현에도 시정촌에도 혹은 국제기구에도 정관재(政官財) 복합이 있다. 여기서 말하는 관에는 자치체 직원도 포함된다. 지금까지 뇌물과 정실(情實)이 통하는 것은 국가와 마찬가지로 자치체에서도 시민 참가 · 직원 참가, 정보공개 · 행정절차가 제대로 작동하지 않았기 때문이다. 예를 들면 직원은 의원 발언의 수준을 곧잘 비판하지만 행정 자체의 정보공개를 하지 않기 때문에 의원이 논의를 제기할 수 있는 정보를 가지지 못하는 경우도 있다.

일본의 행정은 자치체와 국가 모두가 시민에 대해서는 물론 행정 내부에서조차 정보공개가 되지 않고 종적으로 정보를 독점하고 있다. 그 결과, 국가는 성청이라는 사업부제(事業部制)이므로 당연히 종적 분할구조가 되고, 자치체에서도 직원은 '우리' 자치체의 전문가가 되지 못하고 지금의 종적 분할직무의 전문가, 그것도 정책내용에서가 아닌 담당직무의 권한 · 재원조작의 전문가에 불과하다.

시유지(市有地), 현유지(縣有地), 국유지(國有地)가 어디에 있는지를 모르면 자치체 직원은 도시계획 내지는 방재계획을 만들 수가 없다. 고정자산세가 부과되지 않는 토지가 어디에 있는지를 아는 것은 시정촌의 고정자산세 담당직원이지만, 그것을 지도에 표시해서 공개하지 않는다. 교통사고의 원표(原票)는 경찰이 가지고 있기 때문에 자치체 직원은 우리 자치체 어디에서 교통사고가 일어났는지에 관한 정보를 가지지 않고, 단지 교통안전을 떠들고 있는 셈이 된다. 정보공개 조례도 말하자면 '행정문서' 의 공개 수준일 뿐, 이러한 정책을 만들 때 꼭 필요한 '정책정보' 는 공개되어 있지 않다. 이렇게 해서는 자치체 계획은커녕 재해긴급대책도 만들 수가 없다. 앞선 자치체(先驅自治體)조차도 지금까지 정책개발능력을 높여 왔지만, 아직 청내에서도 정보공개를 하지 않는 곳이 많다. "컴퓨터에 들어 있다" 라는 식은 곤란하다.

정책정보가 공개될 때, 비로소 자치체 직원은 시민 혹은 단체장 · 의회와 정책 정보를 공유함과 동시에 우리 시, 우리 정촌, 우리 현의 전문가가 된다. 그러므로 직원기구의 책임도 반드시 생각해야 한다.

위에서 말하는 행정현실의 개혁을 포함해서, 시빌 미니멈의 양적 충족 단계에서 질적 정비 단계로 비약하고자 하는 자치체의 새로운 과제가 이제 겨우 명확해진 것은 자치체 개혁의 새로운 방향이 보인다는 것을 의미한다. 이미 언급했지만, 국가 차원의 정치가 분권화하고 국제화하는 것이 불가결하게 되고, 1990년대에 들어와 관치 · 집권정치의 해체 · 재편을 의미하는 「지방분권대강법」이 메이지 유신 이래 비로소 국가 차원 정치의 핵심논점이 된 것이다.

3. 정치방법으로서의 자치체

1990년대에 들어와 전략적으로 급선무가 된, 분권화를 둘러싼 헌법운용의 전환에 대해서는 근저 『전후정치의 역사와 사상』(前述)에 들어 있는 「시민참가와 법학적 사고」(1973년), 「국회이미지의 전환」(1977년)에서 20년 전에 이미 문제를 제기해 두었다. 일본의 이른바 전후 민주주의의 근간을 언급하는 논점으로서 분권화 · 국제화를 얘기할 때가 온 것 같다.

일본의 전후 민주주의는 메이지 유신 이래의 계몽사상, 자유민권, 다이쇼(大正) 데모크라시, 사회주의 운동 등의 축적을 근간으로 하고 있다. 그러나 주지하는 바와 같이 미국 점령군의 원안에 의해서이지만, 기본인권 · 국민주권이라는 보편헌법원리가 「일본국 헌법」의 기본축이 되었다. 당시 일본의 내각이 준비한 헌법개혁안이 보편헌법원리가 아닌 국체(國體)를 강조하는 구 메이지 헌법의 재판(再版)에 지나지 않았다는 것은 잘 알려진 사실이다. 일본 정부가 보편헌법원리로부터 출발했다면 당연히 이것을 원안으로 일본국 헌법이 책정되었을 것이다. 당시 일본의 지배층은 "포츠담선언"과 "국제연합헌장"의 수준을 이해할 수 없었다. 이 때문에 그 후에도 일본의 지배층은 끊임없이 메이지 헌법에 대한 향수를 품고 그것으로의 회귀를 원했다. 자민당이 결성된 이후 당시(黨是)로서 개헌을 내건 것은 그 때문이다.

1955년에 냉전을 배경으로 '개헌', '호헌'을 쟁점으로 자민당 · 사회당 주도의 '55년 체제'가 성립한다. 이때 호헌을 내걸고 전후 민주주의를 정착시킨 것은 당시의 구 혁신운동이었다. 사회당이 '사회주의'를 내걸고 있었음에도 불구하고, 이런 사회당에 결집된 것은 보편헌법원리에 기초한 호헌표였다. 이것을 인식하지 못한 것이 공산당을 포함한 19세기형 내지는 후진국형 구 좌파들의 '계급투쟁' 이론이 실패한 원인이다.

1955년, 보수합동의 자민당에 앞선 사회당의 통합은 개헌저지에 필요한 중의원에서의 1/3 의석 확보 때문이었지만, 1956년의 참의원 선거에서 또 개헌저지를 내걸고서 1/3 의석수를 확보하게 되었다. 이것이 결정적이었다. 이어서 전전 당인파(戰前黨人派)의 하토야마(鳩山) 내각, 전전 관료파(戰前官僚派)의 기시(岸) 내각에서 보이는 전전형 구 우파 노선에 타격을 가한 것이 1960년을 절정으로 하는 「경찰관 직무집행법」(警察官職務執行法), "일미안보조약"(日米安保條約)을 둘러싼 '국민운동'의 대두였다.

'개헌'을 향한 전후형 반동에 대한 국민운동이 고양된 1960년이라는 시점에서, 자민당 내부에서도 구 우파의 노선은 좌절되고 이케다(池田) 수상 개인의 자질이야 어찌되었든, 이케다 내각에 의한 신우파, 즉 '신헌법'(민주화)을 전제로 한 '경제성장'(공업화) 노선이 성립되었다. 사회당의 '호헌'을 받아들인 정재관 복합의 자민당 지배가 바로 이것이다. 1960년부터 55년 체제는 변질되기 시작하고 보수 · 혁신의 공존이 우여곡절을 거치면서 점차 변화된다.

그러나 이때 일본의 정치는 새로운 국면을 맞이한다. 고도경제성장에 수반되는 일본의 도시형 사회로의 이행은 '계급투쟁'을 내건 구 좌파들이 상상도 못한 새로운 시민활동의 분출, 그리고 혁신 자치체의 출범을 유도했다. 이로부터 '시민자치'라는 발상을 기점으로 자치체 주도의 분권화가 모색되기 시작한다. 제2절에서 보았듯이, 오늘날 일본의 자치체는 무풍 선거, 국가와 관련 있는 뇌물사건 등 여러 가지 문제점이 있지만, 이미 자치체 개혁은 30년의 축적된 경험이 있다.

'시민자치'라는 발상은 과거 구 좌파와 구 우파가 공유하던 메이지 국가를 원형으로 하는 '국가통치' 개념에 대치하는 개념으로서, 자치로부터 출발하는 시민활동을 토대로 자치체 개혁을 통해 일본의 정치 · 행정, 정책 · 제도 그리고 사회과학을 관치 · 집권형으로부터 자치 · 분권형으로 전환하는 것을 지향한다.

「일본국 헌법」을 제정했음에도 불구하고 1960년대까지 자치체는 아직 '기관위임사무'에 얽매여 '3할 자치'(3割自治)의 가난하고 인재도 부족한 국가의 하부기구에 지나지 않았다. 전후 민주주의 '이론'도, 계몽주의형 근대파, 혁명형 계급파를 불문하고, 어느쪽도 자치체의 독자적인 의의를 설정하지 못하고 국가 차원의 정치를 생각해 왔다. 자치체를 둘러싼 당시의 이론 동향을 보면, 소수의 선각자들이 지방자치에 대해서 역사실증, 제도해설, 이론계몽을 했을 뿐이고 자치체의 전략이론은 전무했다. 오늘날 자치체 이론이 활발하게 논의되는 것을 보면 많은 변화가 느껴진다.

학교 교과서를 보아도 자치체는 겨우 '부엌'으로 연결되는 '민주주의의 초등학교' 정도로 간주되고 있다. 대학의 강의에서도 최근에는 겨우 바뀌기 시작했지만, 1970년 대까지 이른바 국가 중심적이었고, 국제연합은 언급하지만 자치체는 무시하는 것이 실상이었다. 국가 전체의 정치적 민주화가 진행되면 자치체는 불필요하다는 사고조차 보이기도 했다. 지방자치는 당시의 용어로 말하자면 '여자, 어린이' 혹은 '지방 보스'의 영역으로 간주되기 쉬웠다.

1960년대에 '지역 민주주의 · 자치체 개혁'을 제기했을 때, 계몽형 근대파, 혁명형 계급파, 모두에 대한 이면작전을 짜야만 했던 것도 이 때문이었다. 이 같은 지역민주주의 · 자치체 개혁의 이론 전략은 1963년의 통일 지방 선거에서 시작되어 한때 전체 시(市)의 1/3, 또 도쿄, 오사카, 가나가와 등의 대도시와 현의 혁신 자치체 시대를 이론으로서 선취하고 준비했다. 혁신 자치체는 이것을 기초로 해서 시민 참가 · 자치체 혁신의 이론을 구성함과 동시에 시빌 미니멈론에 의해 국가의 '정권 교체 없는 정책전환' 을 이끌어가고 있다.

도시형 사회로의 이행에 어울리는 새로운 자치체와 국가의 정책원형은 이러한 혁신 자치체의 정책개발에 의해 1960~70년대에 시작되었다. 이때 메이지 유신 이래 처음으로 자치체가 '정부' 로서 정책적으로 자립하게 된다. 상세한 내용은 『자료 · 혁신자치체』(일본평론사, 1990년)를 참고하기 바란다.

당시 필자의 문제설정은 민주정치의 방법을 둘러싼 다음의 두 가지 물음으로부터 출발한다.

(1) 일본의 기층문화를 계승하는 정내회 · 부락회, 즉 '무라'(ムラ, 마을) 상황을 극복할 수 있는 '전후' 민주주의의 방법은 무엇인가 ('일본' 에 있어서 민주정치의 정책 · 제도의 가능성)

(2) 공업화 · 민주화 이후 비대해지는 대중사회, 즉 대중 상황에서 '현대' 민주주의의 방법은 무엇인가 ('현대' 에 있어서 민주정치의 정책 · 제도의 가능성)

이 문제설정에서 새롭게 첫째, 도시형 사회에서 '시민' 의 성숙 가능성, 둘째, 생활구조가 바뀜에 따라 동반되는 [그림 3]과 같은 '시빌 미니멈' (生活權)의 문제가 제기된다.

첫째 문제제기에 대한 해답은 정치 주체로서 계급에서 시민으로의 전환, 둘째 문제에 대한 해답은 계급투쟁에서 생활권의 공공 정비로의 전환이다. 양쪽 모두 종래의 노동자계급=노동조합=노동조건이라는 도식으로부터 [그림 3]과 같이 시민의 시빌 미니멈을 포함한 복합 이론을 구성하고 이론 패러다임으로서 국가통치로부터 시민자치로의 전환을 모색한다. 1960~70년대까지는 광범위하게 '근대화' 혹은 '혁명'을 둘러싼 논쟁이 있었지만 전부 국가통치가 기본이었다고 말할 수 있다.

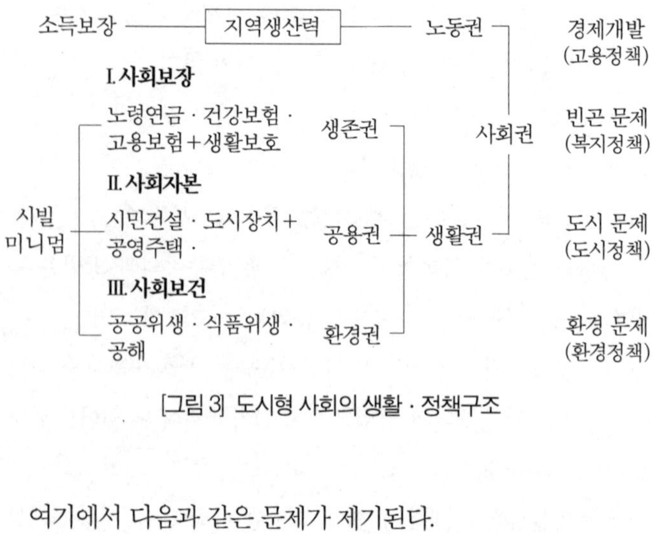

[그림 3] 도시형 사회의 생활 · 정책구조

여기에서 다음과 같은 문제가 제기된다.

(3) 도시형 사회에 있어서 자치체의 위치와 과제는 무엇인가?

후술하겠지만, 이것이 나중에 자치체, 국가, 국제기구라는 정부 삼분화론(三分化論)이 되었다.

다음으로 1980년대 일본에서는 경제성장의 결과, 새로운 국제구조조정을 둘러싼 국제화가 급선무가 된다. 특히 호헌에 의한 경제성장이라는 자민당 · 사회당(自 · 社) 55년 체제의 일국(一國) 복지 · 평화주의에 대한 비판이 새롭게 일본의 내외로부터 나온다. 거기에서 일본의 국제화를 추진하는 국내외를 향한 국제정책의 새로운 전개를 위해서도 국가 차원의 정치 · 행정을 자치체 차원의 정치 · 행정으로부터 해방시키는 분권화가 새로운 문맥에서 시급한 과제이다. 국가의 분권화만이 국제화를 가능하게 만든다는 문제설정이다.

이상과 같이 1960년부터 시민활동, 자치체 개혁이 추진해 온 분권화 경험의 축적과 1980년대부터 일본의 국제화에 동반되는 분권화의 불가피성이 연결되어서 오늘날의 「지방분권대강법」에 의한 일본의 제도개혁이 본 궤도에 오른 것이다. 이후 모든 정책전개에는 지진대책을 포함해서 분권화 · 국제화라는 좌표축이 불가결해졌다.

이에 덧붙여 이 분권화는 도쿄에 일극 집중되는 국토구조를 다핵 분산하는 과제와 연결되어 있다. 도쿄 일극 집중은 메이지 국가에 의한 관치 · 집권정치의 국토구조를 반영하고 있기 때문에 국토구조의 다핵 분산화에는 자치 · 분권의 정치가 반드시 필요하다. 이제까지 국가의 국토계획은 다핵분산화를 지향하면서도 분권화에 착수하지 않았기 때문에 실패는 당연했다.

메이지 유신 이래 국내용으로 만들어진 폐쇄형의 관치 · 집권정치를 개방형의 자치 · 분권정치로 바꾸는 과제는 이미 제2절

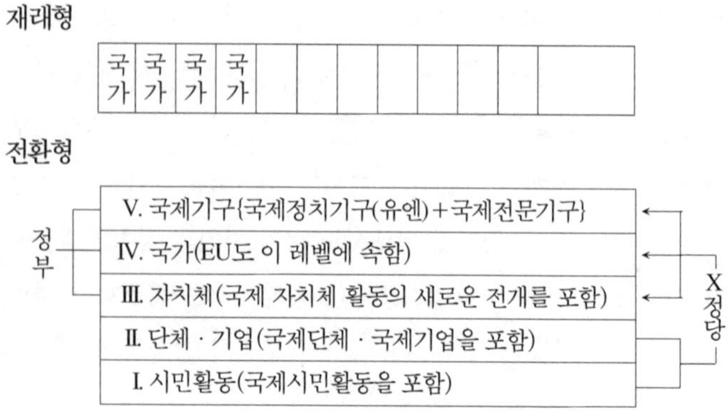

X정당은, 각 수준에서 '정치매체'로 자리매김한다

[그림 4] 정치 이미지의 모형전환

에서도 보았듯이 오늘날 폭 넓은 합의가 있다. 이 같은 합의에 직접 저항하는 것은, 국제 차원에서 활동하는 경제 리더의 사고는 변했다 해도 국가 성청의 관료와 이들과 연계되어 있는 지금까지의 종적 분할의 정관재(政官財) 복합체라고 해도 좋을 것이다.

이런 의미에서 자치체는 (1) 정치면의 국가통치에서 시민자치로, (2) 사회면의 폐쇄국가에서 국제개방으로, (3) 국토의 일극 중심에서 다핵 분산으로라는 삼중의 문맥에서 오늘날 정치방법의 중추에 자리매김하고 있다. 거기에서 귀결은 정부의 3분화이고 [그림 4]와 같다.

분권의 과제는 그것뿐만은 아니다. 여기에서 도시형 사회 내지는 현대 민주정치에서 (A)정책분권, (B)제도분권의 불가피성을 생각할 필요가 있다. 분권은 현대정치의 구조로 보면 필연적이다.

우선 (A)정책분권에서 국가에 권한 · 재원을 집중해서 행정을 국법의 집행으로 여기는 관치 · 집권정치로는 전국의 획일적인 하위 평준화가 이루어진다. 홋카이도(北海道)와 오키나와(沖繩), 사도(佐渡)의 촌과 도쿄의 구(區) 등 다양한 지역의 개성을 살리는 것은 불가능하다. 국가의 최저정책 기준으로서의 내셔널 미니멈(national minimum)을 넘어서 자치체는 각각의 지역 특성을 기초로 한 자치체 정책 기준으로 시빌 미니멈(civil minimum)을 제기하기 때문이다.

즉, 자치체는 그 정책이 (1) 지역적 개성을 기초로 하고, (2) 지역총합과, (3) 지역선도의 발휘가 될 수 있도록 하는 것이 국법의 지배에 대해서 불가결하고, 거기에 ① 국법의 선택 · 복합 · 해석이라는 자치운용, ② 자치입법, 더 나아가 ③ 자치체법에 의한 국법개혁이 자치체의 정책개발 내지는 정책법무(政策法務)라는 형태로 급선무가 된다.

또 (B)제도분권으로서도 분권화가 불가결하다. 시민이 무고(無告)한 백성으로서 아무것도 말할 수 없는 단계에서는 관청에 의한 관치 · 집권정치가 가능하다. 전후에도 도쿄도에서는 구청장(區長) 공천 이전의 한 시기, 특별구는 실질적으로 예전의 '시'였던 도의 출장소에 지나지 않았다. 그런데 1960년대 이후 23구에서 시민활동이 시작되면서, 시민활동은 특별구에 권한이 없자 마지막에는 도쿄 도청에 집중되었다. 도쿄 도청은 여기에서 구청장 공천을 비롯해 23구에 분권을 하지 않으면 안 되게 되었다. 공해 문제에 대해서도 역시 일본 전국의 환경운동이 후생성에 집중된 결과, 공해에 관한 권한을 분권화하지 않을 수 없었다. 즉 현대 민주정치에서 1천만 명 단위, 1억 명 단위의 시민 발언은 국가로 일점 집중하는 관치 · 집권정치로는 대응할 수 없고 제도기술로서도 분권화가 불가결하다. 게다가 당연히 분권화를 하는 것이 현지에 밀착한 해결방법을 보다 빠르고 적절하게 만들어 낼 수 있다.

이상 두 가지에서 보았듯이 분권에는 도시형 사회 내지는 현대 민주정치에 동반되는 기술 필연성이 있다. 집권 · 분권은 당파의 이데올로기가 아니다. 마을자치로부터 시작되는 농촌형 사회와는 다르게 도시형 사회의 1천만 명 단위, 1억 명 단위의 사회에서는 (1) 지역의 '개성' 을 어떻게 살릴까 하는 것과 동시에 (2) 사회의 '규모' 의 문제를 어떻게 해결하는가라는 정치사회학적인 논점이 있는 것이다. 여기에서는 정책 · 제도 양면에서부터 기술 필연으로서 분권화될 수밖에 없다.

기초자치체(일본에서는 시정촌)는 기초행정을 행하고, 광역자치체(일본에서는 현)는 기초자치체의 기초행정을 지원하는 대형 · 전문시책 등에 의한 보완행정에 머무른다. 게다가 조례, 즉 자치체법이라는 각 자치체 독자의 정책 · 제도 기준의 책정이 기초자치체, 광역자치체 각각의 독자적인 과제에 대응해서 요구된다. 국가는 경제운용, 국제전략 외에, 자치체에서 행하기 어려운 직할사업을 담당하지만, 자치체에 대해서는 국법이라는 형태로 국가 차원의 정책 · 제도 기준을 제시하는 것에 머문다. 게다가 국가들로 구성된 국제기구는 국제법, 즉 세계정책 · 제도 기준의 수립에 의한 국제조정이 그 과제이다([그림 4], [그림 12]). 여기에서 메이지 유신 이래 절대 · 무오류의 주권을 가진 국가 개념의 종언이 찾아온다. 게다가 기초자치체로부터 시작하여 광역자치체를 포함한 자치체, 그리고 국가, 국제기구라는 형태로 순차적으로 정부과제는 추상화된다.

국가통치에 대치되는 시민자치는 시민, 그리고 자치체로부터 출발한다. 시민자치에서의 정치과제는 자치체, 국가, 국제기구라는 정부의 세 가지 차원을 통해서 다음의 [그림 5]와 같은 형태로 시민의 자유(자유권)와 시빌 미니멈(사회권)의 공공보장이 된다. 그렇기 때문에 "국제인권규약"의 책정으로 연결된다. 거기에서는 미니멈(최소) 이상은 개인의 선택의 자유에 맡겨진다. 미니멈(최소) 보장의 민주주의와 개인 선택의 자유주의 사이에 상호 긴장이 필요하다.

4. 시민자치와 자치체 전략

1980년대에 들어오면서, 일본도 농업인구가 10% 이하가 되어

도시형 사회가 성립되고, 공해는 반영구적인 과제이기는 하지만 하수도를 제외하면 시빌 미니멈의 '양적 충족' 이 거의 끝난다. 1990년대에는 보육원, 유치원, 학교가 남아돌기 시작하고 하수도 정비가 100% 완료되는 자치체도 속출하게 된다. 여기에서 새롭게 시빌 미니멈의 '질적 정비' 를 둘러싸고 행정의 열등화 내지는 정책 수준을 되묻는 행정혁신이라는 '행정의 문화화' 가 행정의 새로운 과제가 된다.

그뿐만 아니라 일본의 자치체는 국제정책을 가지고 자치체 외교를 수행하고 세계의 자치체를 선도하기 시작한다. 일본의 현과 시는 오늘날 국가 수준의 인재 · 재원을 가지고 있기 때문에 이는 당연한 일이다. 자치체에서도 분권화는 국제화와 연동하고 있다.

1990년대에 일본의 자치체는 전전과는 물론 전후 1960년대, 70년대와도 크게 달라졌다. 1990년대에 분권화를 지향하는 '제도개혁' 을 포함한 국가의 정치개혁이 정치활동에 등장하게 된 배경이 여기에 있다. 게다가 이 분권화라는 제도개혁이 없으면 성청의 접대로부터 공공사업 보조금에 연결된 정치적 뇌물 내지는 성청 외곽단체로의 발주까지, 국가의 관치 · 집권정치에서 기인하는 문제점이 계속될 것이다. 그렇지만 오늘날 일본의 자치체는 국가에 종속되고 권한 · 재원도 없고 인재도 부족했던 이전의 모습으로는 파악할 수 없다.

우선 자치체의 권한부터 살펴보면, 이른바 '기관위임사무' 는 후진국 단계에서 근대화를 지향하기 위해 기관차 역할을 하는 국가가 자치체를 선도하는 방법, 즉 장치 또는 수단이었다. 그러나 현재는 기관위임사무를 둘러싼 정책에서도 국가 기준을 넘어서 자치체가 국가를 선도하기 시작했다. 그러므로 기관위임사무는 '국법 기준이 있는 자치체 과제'라고 간주하면 되는 셈이다. 국가의 통달(通達) · 보조금, 그리고 인허가 · 행정지도의 전제가 되어 온 기관위임사무라는 장치를 폐지 혹은 정리하는 방향으로 자치체 및 국가의 관련 심의회의 의견이 거의 동일하게 모아진 것은 당연하다.

게다가 1960년대 이후 혁신 자치체의 정책개발에 의해 그 가능성을 알게 되었지만 일본 자치체의 권한은 제한열거식(制限列擧)이 아니고 개괄예시방식(概括例示)이므로 국가에 앞서 자치체는 복지 · 도시 · 환경 혹은 산업 · 교육, 또 인권 · 평화 등 그 과제영역에서 정책개발에 열중하고 국가를 선도하고 있다. 자치체의 국제정책, 자치체 외교는 그 전형이다. 메이지 이래, 관료나 학자 모두, 외교는 국가의 전권이라고 생각하고 자치체가 국제정책을 가지고 자치체 외교를 행한다는 것을 생각도 못했으며 헌법 제정 시점에서도 상상할 수 없었다. 여기에서 자치체는 헌법을 초월한 셈이다.

재원에 관해서도 종래의 3할 자치에 관해 언급하자면, 자치체 고유재원은 3할이지만, 그 외에도 지방교부세 교부금 2할, 보조금 2할을 합해 7할을 자치체는 사용했다. 이 7할이라는 자치체로의 배분율은 선진국에서도 높은 수준이다. 게다가 1960년대까지 비교해 보면 GNP가 증가했기 때문에 자치체 재원의 절대량은 많아졌고 더불어 시빌 미니멈의 '양적 충족'이 끝나 가고 있기 때문에 재원에 여유가 생겼다. 옳은지 그른지의 논의는 별도로 하더라도 호화로운 청사 혹은 미술관 등이 그 증거이다. 또 거리와 강변 등이 부분적이지만 아름다워지지 않았는가?

이렇게 자치체는 종래의 개별 시책의 질적 재고라는 행정의 '문화화'를 비롯해 고령화, 정보화를 둘러싼 시빌 미니멈의 '질적 정비'에 몰두하기 시작했다. 문제는 오늘날에도 국가가 재원의 3분의 2를 선취하고 그중의 3분의 1을 자치체에 재분배하는 국가통치형의 수법이 온존하고 있기 때문에 시민자치에 의한 자치체 개혁이라는 발상이 성숙되기 어렵다는 점에 있다. 당연히 실태에 맞는 자치체 · 국가 간의 재원 재배분이 오늘날 분권화의 기본 쟁점이다.

자치체 직원의 인적 자원을 보면, 이 도시형 사회로 이행하는 1960년대 이후 시빌 미니멈의 공공정비를 둘러싸고 자치체의 과제가 그 양과 질에서 모두 확대되었기 때문에 자치체 직원의 양 · 질적 확충이 불가결하다. 거의 같은 시기에 전후 교육개혁에 의한 신제(新制) 고교와 대학을 졸업한 인재가 자치체에 들어가 그 직원의 수준은 전전에 비교해 훨씬 높아졌다. 오늘날은 자치체 직원을 중심으로 자치체 학회, 혹은 선구적인 현과 시에는 자치체 정책연구센터도 설치되면서 자치체 직원의 저서, 논문이 두드러지고 또 대학교수들에게도 많이 읽혀지고 있다. 시정촌, 현, 국가 직원들이 대등하게 논쟁할 수 있는 조건이 갖추어진 것이다.

이상의 결과로 자치체는 독자적인 정치과제를 가진 '정부' 로서 국가로부터 자립하기 시작하고 시정촌, 현, 국가의 관계는 말하자면 '정부간 관계' 가 된다. 이 정부간 관계는 예를 들면 댐, 원자력 발전소, 기지 등 국가의 시책 내지는 큰 프로젝트에 관해서는 자치체와의 사이에서 정부간 정치의 조정 문제지만, 일정한 조건에서는 정부간 사법절차가 되는 것은 주지하는 바와 같다. 메이지 시대에 만들어진 것이지만 정부 개념을 국가 차원에서 독점하는 사고방식은 붕괴되어 간다. 오늘날은 국제기구를 포함해서 [그림 4]에서처럼 자치체, 국가, 국제기구로 정부 개념은 삼분화된다.

이 때문에 메이지 국가가 원형으로 했던 스테이트(State)의 번역어였던 국가 개념의 붕괴가 이루어진다. 절대 · 무오류의 국가주권이라는 발상의 붕괴이다. 오히려 오늘날의 정치 · 행정의 지방분권 그리고 경제 · 금융의 규제완화 논의에도 드러나듯이 시민의 문화 수준의 변화, 단체 · 기업의 정책 수준의 상승과 더불어 국가 '행정의 열등화' 그 자체가 문제가 된다.

또 정부 개념의 삼분화에 더불어 공공 공간도 국가 속에 갇히는 것이 아니라, 지역사회, 국제사회로 분절되고 법 개념 그리고 문화 개념도 다음과 같이 삼분화된다.

자치체　　자치체 정책 기준(civil minimum)

→자치체법　지역개성문화

국가　　국가의 정책 기준(national minimum)

→국법　국민문화

국제기구　세계 정책 기준(international minimum)

→국제법　세계공통문화

그 결과 국가 개념을 내건 관치 · 집권정치의 사고방식은 무너지고, 지역 규모로부터 출발해서 지구규모로 열린 자치 · 분권정치의 구상이 불가결하다.

오늘날 분권화의 형태로 과제가 되는 것은 메이지 유신 이래 지금까지 구 보수계 · 구 혁신계 쌍방에 공통된 폐쇄형의 관치 · 집권 발상을 탈피하고 개방형의 자치 · 분권정치를 형성하는 것이다.

그렇지만 지금까지 자치체, 국가를 포함해서 정치가 내지 정당은 구호 내지 총론으로서의 분권을 내걸 뿐이다. 특히 메이지 시대 이후의 국가통치의 이론 · 정책을 대학의 정치학, 행정학, 국제정치학 혹은 헌법학, 행정법학, 국제법학에서 훈련받아 온 성청의 관료는 이 분권화에 저항하고 있다. 많은 저널리스트, 평론가, 사회과학자들도 아직 국가 개념을 바탕으로 관치 · 집권 발상을 계속한다.

일본이 도시형 사회에 진입한 현재, 일본이 국가로서 국제정책을 전개하는 데는 제2절에서도 보았듯이 국가의 권한 · 재원의 분권화 없이는 불가능하다. 국가의 관료가 분권화를 늦추면, 그만큼 일본의 국제화는 늦어지고 미래의 타격은 커질 것이다.

필자 입장에서 보면 이 분권화 · 국제화는 일본에서 도시형 사회가 성립된 1980년대에 해결했어야 했기에 이미 늦은 셈이다. 국가 관료는 이 같은 의미에서도 정치 선도성(政治先導性)을 잃고 있다. 그 실태는 제1절에서 본 국가 차원에서의 지진 재해 대책과 제2절에서 언급한 국제구조 조정의 낙후 등에서 전형적으로 보인다.

사회주의의 이념	기본법에 의한 제도화	세계 공통과제
I. 정치민주주의(탄압으로부터의 자유)	→자유권(liberalism) →	I. 인권보장
II. 사회민주주의(빈곤으로부터의 해방)	→사회권(civil minimum)→	II. 남북조정
		III. 환경보전

(19세기 사회주의는 상정하지 않았다)

[그림 5] 사회주의 이념의 정착과 전개

이른바 관료 우수론(官僚優秀論)은 환영(幻影)이었다는 것이 시민이 성숙한 도시형 사회가 성립한 오늘날 확실해진 것은 당연하다. 이러한 환영은 국가통치라는 발상에 머물러 온 일본의 정치학, 법학의 책임이 크다는 것도 특히 강조하고 싶다.

다만 꾸준한 변화도 생기고 있다. 사립대학의 사회과학계 학부에서는 1970년대경부터 새롭게 자치체 이론 또는 도시정책론의 강좌가 열리기 시작해서 널리 확산되고 있다. 그리고 드디어 '국가 관료' 양성학교로 불리는 도쿄대학 법학부에서도 1990년대부터 '지방자치체', '도시행정학'의 강좌가 열렸다. 이러한 30년 단위의 세대 교체에 의해 시대는 변화하고 있다.

게다가 아직 선진국 중심이지만, 도시형 사회에서 시민의 기본권이라는 형태를 통해 사회주의가 고전적 이상으로서 내건 탄압 · 빈곤의 문제를 해결하는 것에 주목하고자 한다. 시민의 기본권으로서 자유권 · 사회권의 제도보장은 탄압 · 빈곤이라는 사회주의의 고전적 과제의 해결을 [그림 5]와 같이 추진하고 게다가 오늘날 지구규모에서의 (1) 국제인권, (2) 남북조정, (3)환경보전이라는 구조 조정으로 연결된다. 이 때문에 선진국에서는 기본법(헌법) 원리의 실현이라는 자유권 · 사회권의 확립이 진행되고 그 결과 '운동'으로서 사회주의의 쇠퇴가 일어난 것이다.

오늘날 일부 후진국에서 사회주의 체제의 파탄은, 혁명 초기에 일시적으로 국내자원이 동원 · 가동될 수는 있었어도, 공업화의 진전이 분업을 확대해서 시장원리의 도입을 유도했기 때문에, 통제형 계획이 유도형 계획으로 이행하는 것으로부터 시작되었다. 오늘날의 관점에서 보면 후진국 러시아, 중국 등의 사회주의 혁명은 이른바 국가 주도에 의한 근대화 혁명의 시작이었다고 할 수 있을 것이다. 국가에 의한 근대화가 시작되었던 서구, 일본 등 선진국의 사회주의 운동과는 그 맥락이 달랐던 것이다.

오늘날 도시형 사회의 정치과제는 [그림 6]과 같이 긴장의 내

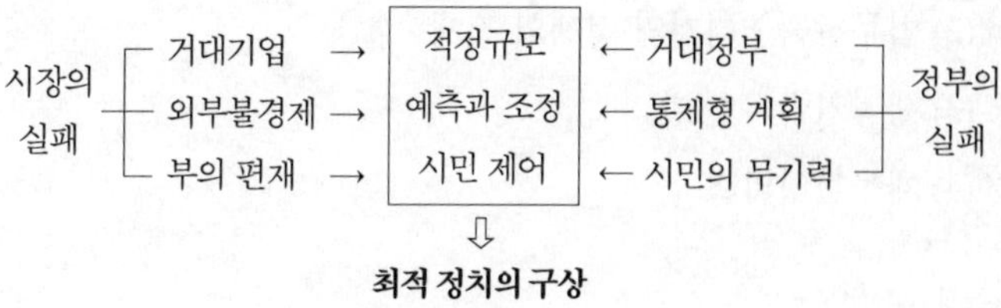

[그림 6] 최적 정치의 구상

부에서 어떻게 시민이 최적의 정치를 형성하는가에 있다. 자치체, 국가, 국제기구를 통해서 전개되는 [그림 4]와 같은 다원 · 중층적 정치구조가 되는 것이 필자 나름대로의 해답이다. 오늘날 일본의 정치과제가 된 분권화 · 국제화를 이 같은 거시적인 문맥과 전망에서 분석하려고 한다.

마지막으로 자치체 차원에서는 다음 장에서 언급할 자치체 나름의 과제와 수법이 있다는 것을 강조하고 싶다.

- 제도과제

(1) 시민 참가 · 직원 참가의 절차개발

(2) 정보공개 · 행정절차의 제도개발

(3) 주민투표 · 옴부즈맨을 포함한 제도개혁

(4) 직원연수 프로그램의 개혁

- 정책과제

(1) 자치체 계획의 책정수법의 혁신

(2) 법무정책 · 디자인 정책의 전개

(3) 행정기술의 개발

(4) 재무관리의 도입

이상의 과제가 각각의 자치체에서 구체적으로 요청되기 때문에 1960년대부터의 축적된 경험을 바탕으로 이러한 과제에 대해서 다양한 모색이 축적되어 왔다.

전후 50년, 일본의 자치체는 크게 변화해 왔다. 지금부터는 더욱 가속도가 붙어서 변해 간다. 그렇지만 1960년대 이래 자치체로서의 자기혁신의 성과를 쌓아 온 앞선 자치체와 메이지 유신 이후의 국가 의존이 계속된 나태한 자치체는 행정 격차가 따라잡을 수 없을 만큼 벌어졌다. 이러한 자치체간의 불균등 발전을 유발하는 것이 나태한 자치체를 정신차리게 하고 국가 의존 체질 또는 마을 담합 체질을 타파하기 위해서 요구된다.

사실 시급한 분권화를 둘러싸고 종래의 권한 · 재원으로 만족하는 나태한 자치체도 있다. 게다가 왜 무풍 선거 · 공조 선거가 되는가는 앞에서 언급했듯이 자치체 나름의 과제를 둘러싸고 자치체의 끊임없는 자기혁신이 진전되지 않는 한, 분권화도 재정파탄과 뇌물수수가 발생하는 나태한 분권화로 되어간다. 이러한 의미에서 국가통치가 아닌, 새로운 시민자치를 기점으로 하는 시민의 역량과 책임이 끊임없이 요구된다.

II. 분권의 의의 · 과제와 사고방식

1. 수직분권에 의한 기본합의

1993년 10월, 가나가와(神奈川)현의 "지방의 시대 심포지엄"에서 "가나가와 선언"은 1960년대 이후의 자치체 개혁의 성과 그리고 그 사이의 여러 가지 개혁안을 정리하고 있다. 이 선언은 '시민자치'를 기점으로 시정촌으로부터 현 그리고 국가로 상승하는 자치 · 분권형의 정치를 만들기 위해 관치 · 집권형으로 된 국가의 권한 · 재원을 현, 시정촌으로 내리고 또 현의 권한 · 재원을 시정촌으로 내리는 '수직분권'을 제기하고 있다.

그 즈음 이른바 '받침접시론'(受け皿論)이라고 하는데, 현(縣)

차원에 대해서는 도주제(道州制), 연방제(連邦制)의 논의가 확산되고 시정촌 차원에 대해서도 강제합병론 등이 나왔다. 이러한 논점을 정리해서 "가나가와 선언"은 우선 제1단계로서 현재의 시정촌 · 현의 이원제를 전제로 하는 대담한 수직분권을 실현하고 다음의 제2단계에서 이러한 제1단계로부터 나온 문제점을 논의하는 2단계 개혁을 구축했다. 다행스럽게도 그 후 만들어진 개혁구상에서도 이러한 수직분권의 실현이라는 제1단계를 둘러싸고 거의 합의가 형성되었다. 논의가 옆길로 새지 않았다고도 할 수 있다.

자치체 차원에서의 검토를 기초로 해서 1994년 9월, 지방 6단체의 "지방분권의 추진에 관한 의견서" 혹은 그 해 8월, 자치노(自治勞)의 "분권자치구상"도, 이 수직분권을 근거로 삼았다. 또 국가의 지방제도조사회가 그 해 11월에 낸 "지방분권의 추진에 관한 답신"도 크게 봐서 수직분권론 위에 서 있다. 1993년의 제3차 행정개혁심의회의 최종답신을 받아서 행정개혁본부 지방분권부회가 1994년 5월에 발족시키고 1994년 내에 대강결정(大綱決定)을 목표로 해서 전문위원들이 생각을 정리하고 있었지만, 여기에서도 수직분권에 집중하고 있는 것 같다. 그렇기 때문에 국제화와 더불어 1990년대 일본의 긴급한 정치과제인 분권화에 관한 생각이 무르익어갔다.

분명히 성청의 저항 강도가 높아짐에 따라 점차 문장의 변화가 나타나고 있지만, 다음의 논점이 복선이 된다. 권한에 관해서는 국가가 국법에 의해서 지사, 시정촌 장에 특정시책의 의무를 지우는 '기관위임사무' 라는 관치 · 집권의 속임수를 원칙적으로 폐지하는 동시에 재원면에서는 현행의 '3할 자치' 를 자치체 과제의 실제를 반영하는 비율에 근접시키는 것이다.

이 분권화의 개혁수속을 성청 주도가 아닌 국회 · 내각 주도로 행하기 위해 첫 번째로 국회가 분권대강법을 만들고, 둘째로 내각이 이것을 바탕으로 분권 프로그램을 책정하는 것이 명시적, 묵시적인 쟁점이 되었다. 왜냐하면 관치 · 집권형의 발상에 머물러 있는 성청 내지 관료의 입안으로는 자치 · 분권의 정치개혁의 알맹이가 빠지기 쉽기 때문이다.

일본에서 분권화의 불가피성에 관해서는 1960년대 이래 시민활동, 앞선 자치체가 광범위하게 제기해 왔다. 그 후, 1980년대의 제2임조(臨調, 임시행정조사회의 약어—역자주)에서는 총론으로서 분권화를 내걸었지만, 이른바 각론에 반대하는 성청이 저항했다. 그렇지만 냉전이 끝나고 여당의 뇌물 스캔들을 둘러싼 구자민당 장기정권의 붕괴를 배경으로 1993년 국회의 중 · 참의원 양원(兩院)이 분권 결의를 가결했다.

이러한 과정에서 나타나듯이 일본의 분권화는 일본 정치의 긴급과제로서 구체적인 정치일정에 올려졌다. 1960년대에 시작되고 1980년대의 도시형 사회의 성립 이후, 일본의 긴급과제인 분권화, 국제화는 지금까지 자민당 일당지배에 의한 쇄국형의 정관재 유착에 의해서 가로막혀 왔지만 자민당 장기집권의 붕괴와 연립정권의 수립으로 정치의 유동화가 시작되고 마침내 분권화가 구체적인 정치과제가 되었다고 할 수 있다. 이상에서도 살펴보았듯이 필자는 사고방식으로서 수직분권의 합의가 거의 완성된 것은 획기적이라고 생각한다.

점령이 끝나감에 따라서 강화, 그 후 호헌(護憲), 핵금지(原水禁), 그리고「경찰관직무집행법」, "미일안보조약"을 둘러싸고 국가 차원의 쟁점에서 '국민운동'이 확산되었지만, 1960년대 일본의 도시형 사회로의 이행에 동반해서 복지 · 도시 · 환경 문제가 격화되고 지역 차원에서 정당과 관련 없이 저마다의 운동에 자유롭게 몰두하는 일본 사상 초유의 '시민활동'이 시작되었다. 이것을 배경으로 국가에 대한 자치체의 정책자립이 메이지 시대 이후 처음으로 시작되었다.

메이지 시대 이후 일본에서는「일본국 헌법」,「지방자치법」에 의한 전후 개혁을 포함해서 국가 주도의 관치 · 집권정치가 계속되었다. 당시의 관치 · 집권은 여야당의 동일한 발상이었다. 그렇지만 1960년대로부터 30년이 지나 1990년대가 되자 겨우 패전에 의한 전후 개혁에서도 계속된 폐쇄국가형의 관치 · 집권정치를 국제개방형의 자치 · 분권형으로 바꿔 가자는 폭 넓은 합의가 이루어지고, 실현의 길이 모색되기에 이르렀다.

물론 이러한 변화는 진행중에 있다. 연립정권 시대가 되어서 정치의 유동화가 보이고 있음에도 불구하고 폐쇄국가형의 관치 · 집권정치를 고수하려는 종래의 정재관 복합을 기초로 한 성청의 강한 저항이 있다. 또한 분권화 · 국제화를 주도해야 하는 국권의 최고기관인 국회에서의 논의도 의원이 성청 수직분할의 족의원(族議員, 관계업계의 이익보호를 위하여 관계성청에 강한 영향력을 행사하는 국회의원을 말함—역자주)이 되어서 일본의 구조 문제에 몰두할 수 없기 때문에 아직 본격화되고 있지 않다. 내각도 정당 재편의 과정에서 성청에 대한 리더십을 발휘할 수 있을까가 의문시되고 있는 것이 현실이다. 게다가 자치체 중에서도 책임이 늘기 때문에 분권화를 원하지 않는 나태한 자치체도 있다. 그렇지만 이상에서도 보았듯이 분권화에 관한 기본합의가 생긴 것을 우선 확인할 필요가 있다.

2. 자치체의 성숙과 도시형 사회

여기에서 새롭게 분권화가 정치과제로 떠오른 이유를 생각해 보려고 한다. 특히 이 분권개혁을 자치체의 반란으로 파악하는 것이 아니고 정부 성청도 불가피한 과제라는 것을 늘 제기할 필요가 있다. 특히 국가의 성청 내지 관료가 분권화의 피해자라고 인식하게 되면 이솝 우화의 태양과 북풍은 아니지만, 성청은 완고하게 종래의 폐쇄국가형의 관치 · 집권정치에 틀어박히게 된다. 국가 혹은 성청이야말로 국제화를 향해서 분권화를 불가결하게 받아들여야 한다는 것을 다시 한 번 강조하지 않으면 안

된다.

우선, 자치체가 국가로부터 자립해야 하는 이유의 첫 번째는 일본이 도시형 사회의 성숙이라는 형태로 근대화를 거의 완성했기 때문이다. 19세기의 독일과 러시아 등으로부터 오늘날의 아시아, 아프리카까지, 후진국에서는 국가가 기관차가 되어서 근대화를 추진하는 것이 불가피했다. 일본도 메이지 시대 이후 탄압 · 빈곤으로부터 침략전쟁까지 역사의 곡절을 겪으면서 관치 · 집권형의 행정기구를 만들고 이것을 주된 동력으로 삼아 근대화를 지향해 왔다.

그렇지만 1960년대 일본이 근대화의 성숙 단계로서 도시형 사회에 들어가기 시작하면서 정치의 과제는 국가의 추진력을 바탕으로 하는 '근대화' 로부터 자치체 주도에 의한 지역 개성을 가진 '시빌 미니멈' 의 공공정비로 변화한다. 당연히 시빌 미니멈을 둘러싸고 시민활동이 활발해짐과 동시에 정치 · 행정의 분권화가 불가결하다. 게다가 도시형 사회에서는 자치체의 과제는 양과 질 모두가 확대되기 때문에 자치체 직원도 양과 질이 모두 높아져서 자치체는 국가의 하부기구가 아니라 지역자치를 담당하는 '정부' 로서 자립하기 시작한다.

둘째, 근대화에 의한 도시형 사회의 성립은 동시에 국제분업 · 국제교류를 심화시키기 때문에 국제협력뿐만 아니라 더 나아가 각국 제도의 세계 평준화를 불가결하게 만든다. 그러므로 이른바 국가의 분권화뿐만 아니라 국제화가 그 일정에 올라오게 된 것은 주지의 사실이다. 지금까지 국가주권을 내걸고 근대화의 원동력이 되어 폐쇄국가형의 관치 · 집권정치를 만든 국가의 성청이 국제적 상호 의존을 기초로 해서 국제정치에 익숙해지기 위해서는 국가 성청 스스로가 자치 · 분권정치를 추진할 필요가 있다.

분권화의 불가결성 · 불가피성은 국가 성청이 국내의 권한 · 재원을 현 내지 시정촌으로 분산시켜서 순발력을 갖출 필요가 있기 때문이다. 오늘날 경제마찰, 쌀 문제로부터 국제환경보전, PKO 문제에 이르기까지 국제적 비판을 강하게 받을수록, 국가 성청의 대응이 뒤늦은 것은 무엇 때문일까라는 질문이 강력히 제기되고 있다. 국가 성청이 기존의 수직적 정관재 복합을 기축으로 일본이 후진국 단계였던 시절에 만들어진 국내의 권한 · 재원에 집착하면 할수록, 국제정책의 수립은 늦어진다. 자치체의 과제영역은 정부로서 성숙되고 있는 자치체에 맡기고, 국가의 권한 · 재원을 국가 차원의 과제영역으로 순화시키고, 국제화에 대응할 수 있는 국가 성청의 재편이 시급하다.

그렇게 될 때 권한 · 재원이 확대된 자치체도 자치체의 독자 과제영역을 둘러싸고 지금보다 더 정책의 자립도를 높여서 독자적인 국제정책으로 자치체 외교에 전념하게 된다. 사실상 오늘날 일본의 자치체는 자매도시 제휴의 단계를 뛰어넘어서 국제실을 설치하기에 이르렀다. 자치체 상호의 지구규모에서의 정책정보 교류 · 개발 · 집약, 또 행정기술 교류 · 이전이 시작됐기 때문이다. 게다가 ODA도 국가의 대형 프로젝트만으로는 안 되고 자치체를 경유해서 지역 개성을 가진 생활과제에 대응할 수 있도록 하는 세세한 전개가 요구되고 있다. 또 "세계지방자치선언"의 책정도 국제연합의 일정에 올라와 있다. 특히 일본의 현, 그리고 시는 오늘날 일국 수준의 재원 · 인재를 가지고 있기 때문에 자치체 외교에서 널리 주도권을 장악해 가고 있다.

세 번째는 이상의 분권화 · 국제화에 덧붙여서 정책 수준의 문화화도 해결해야 할 과제이다. 환경 내지 공해는 반영구적인 과제이지만, 하수도를 제외하면 시빌 미니멈 내지 국가 기준을 거의 양적으로 충족시키고 있는 일본의 자치체는 국가 기준을 넘어서 지역 개성을 가진 시빌 미니멈의 '질적 정비'를 과제로 하는 정책 · 제도개발에 몰두하는 단계에 접어들었다. 이 질적 정비가 '행정의 문화화'로서 자치체 정책을 새롭게 변화시키고 있다.

일본이 후진국 단계에서는 국가의 선도성이 필요했기 때문에 행정이란 법의 집행, 즉 '국' 법의 집행이라고 생각되어 왔다. 자치체는 국가의 정책 내지 국법의 하청기구라는 관치 · 집권정치의 사고가 이것이다. 행정이란 국법의 집행이라는 정의는 이런 까닭에 절대 · 무오류의 국가 관념 내지 관치 · 집권정치를 상정했던 것이다. 그러나 오늘날 문제 상황은 변했다. 거기에는 다음의 세 가지 논점이 있다.

만약 자치체의 과제를 국법, 즉 국가 행정법의 집행이라고 규정한다면 우선 (1) 국법은 전국에 획일적으로 적용되므로 자치

체의 행정도 전국적 획일화 내지 행정 수준의 하위 평준화가 된다. 또 (2) 국법은 국가의 성청이 종적으로 소관해서 통달 · 보조금 또는 인허가 · 행정지도, 혹은 낙하산 인사(天下り人事) · 외곽단체와 연결되어 있기 때문에 자치체에서도 성청 종할계열(縱割系列)의 분열된 행정이 된다. 게다가 (3) 도시형 사회에 들어와서 사회의 변화가 심해도 국법은 여간해서 개정되지 않고 또 새로운 입법도 늦어지기 때문에 국법은 시대착오가 되고 자치체 행정도 시대에 역행하게 되는 것이다. 이 세 가지 문제점은 국가의 정책 내지 국법의 숙명이라고 말할 수 있다.

이러한 국가의 정책 내지 국법의 세 가지 문제점을 둘러싸고 일본의 앞선 자치체는 1960년대 이후 자치체 개혁을 추진하고 자치체 정책을 자립시켜 왔다. 즉 국가정책의 (1) 전국 획일성에 대해서는 지역 개성화를, (2) 성청 종할성에 대해서는 지역종합화를, (3) 시대착오성에 대해서는 지역선도화를 지향해 왔다. 거기에는 당연히 각 자치체의 독자책임에 의한 정책자립 · 행정혁신, 여기에 동반하는 법무정책 · 자치입법이 요구되기 때문에 권한 · 재원의 분권화가 끊임없이 요청되어 왔다.

이러한 지역 개성을 살리고 지역 개성을 만드는 자치체의 독자정책이 국가의 정책 기준을 넘어서 행정의 문화화라는 새로운 정책 전망을 만들고 오늘날에는 자치체의 수장부국(首長部局)에 널리 문화실이 설치되기에 이르렀다. 매일 매일 일본의 지역사회가 일부이긴 하지만 놀랄 정도로 아름답게 변하고 있는 배경도 여기에 있다.

3. 관치 · 집권에서 자치 · 분권으로

그렇지만 자치체의 오늘날의 과제는 도시형 사회로의 이행에 의한 이 분권화 · 국제화 · 문화화로부터 오는 것만은 아니다. 다음과 같은 상황에서도 비롯된다.

관치 · 집권정치를 반영하여 국토구조를 도쿄 일극집중형으로 만든 일본에서는 각 자치체 주도에 의한 자치 · 분권정치에 의해 국토구조를 다핵분산화하는 과제가 부과된다. 도쿄 일극집중은 관치 · 집권정치의 국토구조를 반영하는 것이었다. 이 때문에 관치 · 집권정치에서 자치 · 분권정치로의 전환을 지향하지 않고 단지 인구, 자원, 정보의 분산만을 호소하는 지금까지의 국토계획이 실패한 것은 당연하다. 이미 1도 3현(1都3縣)의 도쿄권은 인구 3,000만이 되었고 일본 인구의 4분의 1을 차지하게 되었다. 이미 수도 이전으로도 도쿄 일극집중을 해결할 수 없게 된 것이다.

이 관치 · 집권정치에 의한 도쿄 일극집중은 일본의 근대화 내지 경제성장에는 대단히 효율적으로 보였다. 그렇지만 오늘날은 일본의 대도시권에 고지가(高地價) · 고물가(高物價) 그리고 환경파괴를 초래하는 것과 더불어 국토구조를 지진, 테러 혹은 국제무역 붕괴에 취약한 구조로 만들어 버렸다. 그 때문에 자치체 주도의 분권화에 의한 국토구조의 다핵분산화, 즉 자치 · 분권정치로의 전환이 시급한 과제이다.

게다가 오늘날의 분권화 요청에는 다음과 같은 논점도 있다. 국가의 획일적인 기준 내지는 법제에 의한 관치 · 집권정치에서 자치체의 정책책임, 그리고 시민의 자치의식은 생겨나기 어렵다는 것이다. 전국이 획일화되면 시민도 자치체도 독자적인 노력을 할 필요가 없다. 관치 · 집권정치는 국가 관념의 절대 · 무오류성을 내건 국가 성청에 의한 정책의 전국적 획일성, 또 국가의 통달 · 보조금 내지 인허가 · 행정지도에 의존하는 자치체 직원의 무기력, 그리고 쟁점 · 정책에 관한 정보의 결여로부터 오는 시민의 무관심을 전제로 성립된다. 따라서 자치 · 분권정치로의 전환이라는 형태로 일본 정치문화의 활성화, 즉 시민의 품성 · 역량을 형성하는 '시민문화'의 성숙이 요망된다.

시빌 미니멈의 양적 충족 내지 국가의 제도 기준을 충족시키는 것뿐이었던 지금까지의 자치체와는 달리, 오늘날 이미 앞선 자치체에서는 시민생활의 질 내지 행정의 문화 수준을 둘러싼 독자의 정책개발을 향한 노력이 시작되고 있다.

그렇지만 국가 내지 성청이 전전 이래의 헌법학 · 행정법학의 관치 · 집권 이론을 배경으로 권한 · 재원, 통달 · 보조금, 인허가 · 행정지도 혹은 낙하산 인사 · 외곽단체 그리고 직원연수에 의한 자치체 규제를 계속하고 있기 때문에 앞선 자치체를 제외한 많은 자치체에서는 아직 정책자립이 불가능한, 나태한 자치체가 계속 유지되고 있다. 이런 상황에서는 '우리' 자치체의 독자정책에 대해서 그 개발능력 내지 책임의식이 자치체의 장(長), 의원, 직원 그리고 시민을 포함해서 생겨나기 어렵다. 특히 시민의 입장에서 보면 시빌 미니멈이 양적으로 충족된 오늘날, 국가가 전국 획일의 관치 · 집권정치를 계속하고 있기 때문에 뇌물수수와 대형 프로젝트를 제외하면, 자치체에 무관심해지기 쉬운 것도 당연하지 않겠는가?

이와 같이 메이지 이래 지속된 관치 · 집권정치 때문에 무풍상태가 되기 쉬운 자치체의 활성화에는 자치 · 분권정치를 지향하는 제도개혁이 불가결하다. 경제를 활성화하기 위해 규제완화가 필요한 것과 똑같은 이유가 이 분권화에 있다. 양쪽 모두 국가통치로서의 관치 · 집권정치, 즉 '메이지 국가'의 해체 · 재편이 과제이다.

국제화와 동시에 긴급과제로서 분권화가 이루어지지 않는다면 기득권 고수를 위한 각 성청의 권한 다툼을 포함해서 '행정의 열등화'가 심화될 뿐이다. 이미 국가 차원의 긴급과제를 둘러싼 국제정책에 각 성청의 대응이 늦어지고 있을 뿐만 아니라 국제비판도 거세지고 있다. 이렇게 1980년대부터 굳어져 온 국가정치의 폐쇄 상황 내지 행정의 열등화를 타개하기 위해서야말로 분권화에 의한 자치체간 경쟁의 확대가 반드시 필요하다.

4. 성숙한 개혁으로서의 분권화

이상으로 오늘날 분권화가 불가결 · 불가피하게 된 배경을 언급했지만, 이 수직분권에 의한 개혁은 선취개혁(先取り改革)이 아니라 성숙개혁(成熟改革)이라는 것을 새롭게 유의하길 바란다.

선취개혁은 선택지가 있는 실험이지만 이미 내용이 성숙해서 낡은 외피가 떨어지는 것과 같은 개혁이 이번 분권개혁의 특성이다. 말하자면 다 익은 감이 저절로 떨어지는 것과 같은 개혁이다. 그렇기 때문에 개혁의 기본논점이 거의 일치하는 것은 당연하다.

이 분권화는 거듭 언급하듯이 메이지 유신 이래의 관치 · 집권정치를 자치 · 분권정치로 바꾸는 대개혁이지만, 성숙한 개혁이므로 대모험 · 대변혁을 의미하지는 않는다. 자치체가 1960년대 이후 성인으로 성숙해 왔기 때문에 분권화는 작아진 검정색의 획일적인 학교 교복을 벗고 독자책임을 질 수 있는 자치체다운 자치체가 되는 것을 의미한다. 늦든 빠르든 개혁은 다가오고 있다. 이 개혁은 일본의 도시형 사회가 성숙되는 1980년대 초에 했어야 할 개혁이었다. 이미 늦었다. 일본은 분권화에 늦어진 세월만큼 국가 성청 차원에서의 국제화에도 늦어지고 과거의 도시 만들기로부터 환경보전, 최근에는 금융, 무역, 산업 등에서 일본 시민으로부터의 비판은 물론 널리 국제적 비판을 받을 정도로 국가 성청의 '행정 열등화'는 두드러졌다.

그러나 일본의 자치체의 권한은 「지방자치체」 제2조에서 보이듯이 제한열거방식이 아닌 개괄예시방식이므로 큰 잠재력, 가능성을 가지고 있다. 이것은 1960년대 이후 혁신 자치체를 시작으로 하는 앞선 자치체가 정책개발에 착수하고 나서야 비로소 알게 된 것이다. 사실, 1960년대 도시형 사회에 진입했을 때 아직 농촌형 사회 단계의 정책 · 국법 정도밖에 가지고 있지 않던 국가에 대해 자치체는 복지, 도시, 환경 혹은 산업, 교육, 또 인권, 평화 등에서 이미 국가에 앞서 정책을 개발하고 국가의 정책 내지는 국법의 개혁을 선도해 왔다. 개괄예시방식이었기 때문에 자치체가 그 독자과제에 대응해서 정책개발이 가능했던 것이다. 오늘날 일본의 정책 만들기의 기본은 앞선 자치체가 원형을 만들어서 국가를 선도하고 국가 성청의 정책을 바꾸는 형태를 띠고 있다([그림 7])

그 예는 이루 말할 수가 없다. 전형적인 예를 들면 1960년대 이후의 공해규제, 복지정비는 국가 법제가 뒤처져 있기 때문에 자치체의 주도에 의해서 시작되었고, 국가는 뒷전이었다. 또 디자인으로부터 녹색화에 이르는 행정의 문화화도 자치체가 개발했고, 오늘날은 교육위원회와는 별도로 문화실이 현과 시에 설치되어 있다. 국제정책도 자치성, 외무성과는 직접적인 관계없이 1960년대 동해(日本海) 무역에서부터 시작되었고, 오늘날에는 과거의 자매도시 제휴 단계를 넘어서 자치체간에 지구규모의 정보개발, 정책교류, 행정협력 등으로 자치체 외교가 활성화되고 있다.

이러한 사태는 지금으로부터 반세기 전의 「일본국 헌법」, 「지방자치법」의 책정 시점에서는 상상도 하지 못했던 것이다. 앞선 자치체는 「일본국 헌법」, 「지방자치법」이 상정한 수준을 이미 넘어서고 있다.

국가는 절대 · 무오류라는 도그마가 국가 관료의 체면과 연결되어 성청, 특히 현장이 없는 내각 법제국에 남아 있고, 이 도그마를 예전의 보수계 · 혁신계 할 것 없이 헌법학 · 행정법학으로 뒷받침해 왔다. 이러한 사실은 1975년 졸고 『시민자치의 헌법이론』(岩波新書)에서도 비판하고 있다. 오늘날도 헌법학은 국가 정부를 전전부터 계속해서 '통치기구' 라고 부르고 있다. 이래서는 국민주권으로부터 출발하는 헌법에 위반된다. 행정법학도 시빌 미니멈, 즉 사회권의 공공보장을 시혜적인 '급부행정'(給付行政)이라고 불려 왔다. 이런 의미에서 1960년대 이후 헌법학 · 행정법학은 모두 이론재편이 필요했지만 그 성과는 1990년대에 들어와서도 충분히 가시화되지 않았다. 문제는 상황에 따른 미세조정이 아니라 제5장에서 보는 바와 같이 헌법학 · 행정법학의 이론 전환에 있다.

이러한 정치 · 행정과 이론에 있어서 관치 · 집권형의 실상에도 불구하고 이것을 넘어서 일본의 자치체는 1960년대 이후 시빌 미니멈을 제기해서 '정권교체 없는 정책전환' 을 추진했고 자민당 장기집권이 책임지는 국가정책을 바꿔 왔다.

1960년대 이후 30년간, 국가 차원에서 야당은 호헌(護憲)의 영광에 안주해서 정책개발을 하지 않았다. 혁신 자치체로부터 시작되는 앞선 자치체만이 일본의 정책전환을 촉구하는 실효성 있는 야당이었다.

오늘날 분권화라는 정치과제는 이렇게 1960년대 이래 앞선 자치체가 쌓아 올린 '정책개발'을 국가 차원의 '제도개혁'으로 완숙시키는 것이다. 즉 성숙개혁인 것이다.

5. 기관위임사무 · 3할(三割) 자치의 재편

지금까지 끊임없이 문제가 되어 온 권한에 관한 '기관위임사무', 재원에 관한 '3할 자치'를 다룬 각 개혁제안에서 그 표현방법은 달랐지만, 복선적으로 쟁점화해 온 것은 이상과 같은 배경을 가졌기 때문이다. 이 두 가지 구조는 국가가 원동력이 되어서 근대화를 추진하는 과정에서 필요했던 국가의 선도성을 권한과 재원이라는 형태로 제도화한 장치 내지는 속임수였다. 그러나 이 두 가지 구조는 일본 나름의 근대화를 이룬 오늘날에는 더 이상 필요하지 않다.

물론 국가와 자치체 사이의 권한 재분배가 필요하지만, 우선 기관위임사무는 오늘날 실제로 현 혹은 시정촌이 일상의 행정으로서 행하고 있으므로 '국법 기준이 있는 자치체 과제'로 새롭게 자리매김을 하면 된다.

이 '자치체 과제' 는 옛날식의 말로 하면 자치체 사무라고 할 수 있겠지만 자치체는 '사무' 가 아니라 '정치' 를 행하는 정부이므로 기관위임사무 내지는 단체위임사무, 고유사무와 같은 말은 사용하지 않도록 하는 것이 좋겠다.

기관위임사무의 원칙 폐지는 성청에서 보면 인허가권은 물론 보조금 배분권까지 대폭 없어지는 것이므로 혁명적인 변화가 된다. 그렇지만 자치체에서 보면 '기관위임사무' 라는 속임수를 없애고 오늘날의 행정 현실을 그대로 자치체의 권한으로서 제도화해 나가는 것이 된다. 기관위임사무는 일본의 후진국 단계에서 자치체에 과제를 강제하는 국가의 장치에 불과했다.

성청의 인허가에 대해서는 법제 개정이 안정될 때까지 과도 조치법을 만들고 주무 대신(主務大臣)을 지사 혹은 시정촌 장으로 바꾸고 책임을 자치체가 지면 된다. 실로 실용주의적인 문제이다.

물론 이미 미로 상태가 된 현행의 기관위임사무를 몇 가지로 유형화해서 각각의 유형에 대응하는 분권화의 방법을 만들 필요도 있지만, 여기에서도 성청 주도의 새로운 미로에 빠지지 말아야 한다. 문제의 핵심은 분권화의 전제로서 성청의 과제를 국가 차원의 과제로 순화, 또는 제한하는 것을 끊임없이 확인하는 데 있다.

다음으로 재정분배도, 세세한 숫자의 변화는 언급하지 않겠지만, '3할 자치' 라고 불린 국가와 자치체의 2/3 대 1/3의 비율을 자치체의 정책과제의 실태에 맞춰서 1/3 대 2/3로 하려는 것이다. 이것도 역시 성숙개혁이다. 즉 종래의 3할 자치라고 불리는 국가와 자치체의 재원배분은 국가가 총액의 2/3를 차지하고 또 다시 1/3을 자치체에 지방교부세 교부금, 보조금으로서 재분배하고 있었다. 자치체로는 실질적으로 2/3가 왔던 것이다. 국가가 과다하게 차지했던 1/3 재원의 재분배야말로 국가에 의한 관치 · 집권정치의 속임수였던 것이다. 여기에는 제2예산이라고 불리는 '재정투융자' (財政投融資)도 관계가 있다. 이 재분배의 속임수 때문에 오늘날에도 일본의 자치체는 쓸데없는 성청 참배를 하고 이것이 자치체에 의한 성청 접대와 보조금의 정치권 유입에 연결된 뇌물 스캔들, 또는 표, 돈을 둘러싼 종적 분할 족의원의 발생원인이 되어 왔다.

재원분배에 대해서는 우선 자치체세, 국세를 포함한 세목의 최적 재편을 위해 향후 국회에서 5년간의 토의에 위임하는 한편, 이른바 보조금을 각 성마다 매년 15%씩 5년간 75%를 감소시키는 실링(ceiling) 방식을 국회 그리고 내각에서 결정하고 지방교부세 특별회계를 새로 만든 '자치체 공동조정기금' 에 직접 편입시켜야 한다. 남은 25%는 5년 후 그 재원을 재해 등을 위해 실질적으로 검토하고, 자치체 재원 혹은 '자치체 공동조정기금' 으로 대처하기 어려운 긴급성을 갖는 상황에 대비해 남겨야 할 보조금은 남겨도 좋다.

그리고 자치성이 자치체에 재분배를 하고 있는 현행의 지방교부세 교부금방식은 폐지해야 한다. 이것을 대신해서 새로운 자치체간 재원조정을 위해 앞에서 언급한 '자치체 공동조정기금' 을 만들어야 한다. 현행의 지방교부세 교부금의 분배 기준이 비판을 받고 있는 만큼, 분배를 정밀하게 하면 할수록 실상에 맞지 않고 더욱더 불투명해지고, 교부금은 자치체간 조정재원이라는 취지에 반해서 자치성의 보조금이 되고 있다. 그러므로 그 분배권을 자치성으로부터 분리하여 시정촌, 현의 대표에 의해 관리위원회를 설치하고 분배 기준의 투명화 · 단순화를 꾀할 필요가 있다.

이를 위해 자치체의 '재정수요' 를 자치성이 이론추계하는 오늘날의 '기준재정수요'(基準財政需要)라는 적산(積算)방식을 폐지해야 한다. 대도시에서는 지하철을 포함한 대도시 수요가 있고, 과소한 지방에서는 공공교통 제로라는 상황이 있기 때문에 개별 수요에 부응하는 정밀화에는 한계가 없다. 게다가 자치체의 국제정책도 적산하는 정밀화의 과정에서 자치성의 보조금이 되어 버린 것이다.

1990년대에는 시빌 미니멈의 '질적 정비' 도 하수도를 제외하면 거의 완성에 가까워졌기 때문에 이후의 '질적 정비' 에 대해서 개별 시책의 비용정산은 불가능할 뿐 아니라 불필요하다. 오늘날 시빌 미니멈의 질적 정비에 대해서는 정책의 문화 수준 내지는 기술개발이 논의되기 때문에 정책의 양만을 둘러싼 계산은 불가능하다. 이 기준재정수요의 설정은 말하자면 시빌 미니멈의 양적 충족 단계의 산물이었다. 질적 정비로 이행하는 지금에는 불필요하다.

따라서 국가, 자치체 간의 세목의 재분배는 당연히 별도로 생각해야겠지만, 전술한 보조금의 폐지가 포함된 '자치체 공동조정기금'의 분배 기준은 객관지표로 단순화하고 인구와 면적에 비례시키고 지역의 소득 수준에 반비례시키는 것과 동시에 특히 시정촌 차원에서는 고령자율, 적설률(積雪率) 등 몇 가지의 사회계수를 덧붙이는 정도로 충분하다. 이 정도라면 누구라도 알 수 있을 것이다. 다만 하수도 정비만은 하수도 정비가 끝난 자치체가 받은 보조금에 상응하는 재원을 미정비의 자치체에도 보장할 필요가 있다.

또 악명 높은 자치성의 기채허가제도(起債許可制度, 지자체가 지방채를 발행할 경우, 중앙정부가 그 용도에 조건을 붙이는 제도—역자주)는 이미 논의가 폐지 쪽으로 정해지고 있으므로 당연히 폐지해야 한다. 돈이 부족한 단계에서 만들어진 제도가 돈이 남아도는 단계에서도 계속된다는 것은 시대착오적이다. 물론 이 기채 자유화는 부유한 자치체는 사용할 수 있지만, 가난한 자치체는 자칫하면 수용할 수 없다. 이 때문에 미리 재원이 부족한 자치체에는 전술했던 '자치체 공동조정기금'의 분배율에서 가중치를 두면 해결된다.

특히 일본 국토의 7할은 산지이므로 '자치체 공동조정기금'

의 분배 기준에서 면적의 비중을 높여 두는 것은 토막난 보조금이 많은 산촌에 유리하고, 임야청으로서는 할 수 없었던 세세한 산림의 관리가 가능하게 된다.

재원분배방법에 대해서 자치성도 지방교부세 교부금제도의 재정립을 시작으로 하는 대담한 개혁에 착수하는 않는 한, 자치성의 재원배분은 각 종적 분할 성청으로부터 각 성의 권한 · 재원을 빼앗는 자치성의 음모로 간주되고 성청간의 쓸데없는 논의 · 저항을 일으킨다. 자치성이 우선 처음에 여기에서 언급한 논점을 정리할 수 있는 개혁을 추진할 필요가 있다.

6. 정책변용과 제도개혁

하지만 분권화의 필요성은 여기에서 그치지 않는다. 다음의 제3장에서도 언급하겠지만, 자치체의 정책은 복지의 골드 플랜, 지역 만들기의 마스터 플랜에서 환경에 관한 지역의제, 혹은 방재계획 등에서도 보이듯이 시빌 미니멈의 질적 정비를 위해 네트워크형의 '중간과제계획'([그림 9])의 책정이 불가결하다. 개별 시책과 총합계획의 중간에서 이른바 정책영역별의 중간과제계획이 필요하다. 양적 충족 단계에서는 개별 시책 하나 하나에 국가가 개별 법 · 개별 조문에 근거해서 세세하게 통달 · 보조금, 혹은 인허가, 행정지도를 연관지어 왔지만, 질적 정비 단계에 들어오게 되면 복지, 보건, 의료 등을 패키지로 하거나 이른바 건축 기준, 도시계획, 토지이용계획 등을 하나의 형태로 세분화된 개별 시책을 넘는 중간과제계획이 자치체에 필요하게 된다.

그 결과 자치체의 기관위임사무로서 개별 시책을 국가가 개별 정책의 통달 · 보조금, 혹은 인허가 · 행정지도에 의해서 감독하는 관치 · 집권형의 수법은 지금부터 통용되지 않는다. 장기 · 총합의 자치체 계획으로부터 출발하는 자치체의 정책책임이 정책의 실효성을 확보하기 위해서 요구된다. 그 때문에 개별 시책과 장기 · 총합계획의 사이에 복지 · 보건, 토지, 도시, 자연, 환경, 교육, 문화, 통신 · 교통, 산업 · 고용, 혹은 방재 등으로 각각의 영역을 패키지화한 네트워크형의 중간과제계획을 만들 필요가 있다.

따라서 분권화도 골드 플랜에서처럼 각 중간과제영역을 일괄해서 하나의 패키지로 할 필요가 있다. 지금까지와 같이 개별 시책마다 그 재원부담을 둘러싸고 국가는 50%, 현은 30%, 시정촌은 20%라는 식의 논의를 해서는 100년이 지나도 분권화는 진전되지 않는다. 이것이야말로 관료의 페이스에 말려드는 것이 된다. 또 국가로부터 개별 시책마다 돈이 오지 않으면 자치체 과제에도 착수할 수 없다는 자치체의 무기력도 조장된다. 당연히 국가의 종할 성청에 의한 국가의 정책 · 제도 기준도 각각의 자치체의 독자성 · 책임성을 살리는 내셔널 미니멈으로서 큰 틀의 전국 기준에 머물러 있을 필요가 있다.

게다가 지역 만들기의 총합성을 생각하면 국유림의 관리로부터 일급 하천, 재래 국도, 국립 일반병원 등을 현으로 이관하는 것은 물론, 현의 권한도 시정촌으로 대폭 이관할 필요가 있다. 자치체 과제영역의 확대는 성청의 지부(出先機關) 그리고 지방사무관제도의 폐지를 비롯해서 광범위하게 자치체로 인원, 시설 또는 재원을 재배치하는 것을 의미한다. 또는 자치체로부터 국가로의 역배분도 있다. 물론 과도조치는 신중하게 취해야 하지만 이것들은 이미 제2단계의 개혁을 일정에 올려 놓고 국가 성청의 재편으로 연결될 것이다.

물론 자치체 차원에서 현으로부터 시정촌으로 권한 · 재원을 재분배함으로써 모든 시는 당연히 오늘날의 정령시(政令市) 수준의 권한 · 재원을 가지게 된다. 정촌(町村)에 대한 과도조치로서는 정촌으로부터 현으로의 '역위임' 도 필요할 것이다. 또 자치체끼리는 널리 쓰레기, 수자원(水資源)으로부터 산업, 환경을 포함해서 다양한 방식으로 광역협력을 행하는 것과 함께 복지인재 센터, 하수도 인재 센터와 같은 형태의 전문인재은행의 광역 차원의 설립도 필요하다. 또 정촌간에는 컴퓨터 관리에서 이미 보이고 있지만 도시계획과 법무정책을 포함해서 각 과제별 자치체 연합도 필요하다.

이 점에서는 성격이 애매하거나 안이한, 또는 과도기적인 '파일럿 자치체' 혹은 '중핵시' 등을 넘어서 일거에 수직분권을 해야 한다고 생각한다. 도쿄도의 도구제(都區制)에 대해서도 구

(區)를 완전시(完全市)로 하고 도(都)는 현(縣) 기능으로 순화해야 할 것이다. 제도의 골격구조는 단순 · 명쾌할 때 시민들도 알기 쉽다. 장난으로 제도를 복잡하게 하는 것보다 운용의 묘로 각 자치체가 독자성을 발휘하게 하는 것이 좋지 않을까?

우선 시정촌은 기초 자치체로서 '기초행정'을 행하고, 현은 대형 · 전문시책 등으로 시정촌에 대한 '보완행정'을 행하는 광역 자치체이다. 그러므로 만약 이번의 제도개혁에서 국가에서 현으로의 권한 · 재원의 이행이 중심이 되고 시정촌이 내버려진다면 현은 47개의 제2의 국가가 된다. 이번의 제도개혁은 시민자치를 토대로 하는 시정촌으로부터 현 그리고 국가로 상승하는 자치 · 분권형의 제도 만들기라는 기본 방향을 끊임없이 확인해 갈 필요가 있다. 이렇게 해서 이번의 제도개혁은 전후 50년, 즉 반세기 동안 계속된 관치 · 집권형으로 얼룩진 「지방자치법」의 근본적인 개정으로 연결되면서 또한 제2단계에서는 국가 성청의 재편으로 나타난다.

7. 헌법운용의 혁신이 초점

이렇게 시민이 보아서 알기 쉽고 또 국가와 자치체 의원이 토의하기 쉬운 형태의 큰 논의 내지는 이론의 정리가 필요하다. 본래 제도는 그 기본구조가 누가 봐도 투명하고 명확해야 한다. 게다가 관료, 전문가, 학자 등의 이른바 '정밀' 한 '전공' 에 의한 논의는 오히려 그 논점을 지엽말단으로 흐려서 논의를 비생산적이고 식상하게 만든다. 정밀하고 전문적인 논의는 논의를 위한 논의에 지나지 않는다. 특히 국회에서 「대강법」의 제정을 둘러싸고 오늘날 요구되고 있는 것은 실효성 있는 큰 전략에 대한 기본합의이다. 세세한 부분은 큰 대강법이 완성된 후 조정하면 된다. 세부적인 것에 연연하면 개혁 그 자체가 미로에 빠져 불가능하게 된다. 모든 개혁은 큰 기둥에 의한 틀 만들기로부터 시작된다.

여기에서 다시 문제점이 생겨난다. 첫 번째로 국회가 큰 대강법으로서의 분권법을 입안 · 제정할 수 있는가? 그리고 두 번째로 내각이 성청에 강력한 지도력을 발휘할 수 있는가라는 정치 문제이다. 분권화는 국제화와 더불어 그 큰 틀을 종할 성청에 맡길 수 없는 '정치 문제' 이다.

이 두 가지 문제를 둘러싸고 국권, 즉 국가 차원의 '최고기관' 으로서 국회가 긴급과제인 국제화와 더불어 분권화에 책임을 질 수 있는지, 그 여부가 추궁되고 있다.

그러나 예전의 보수계 · 혁신계를 막론하고, 전후 50년 동안 대학 법학부의 강의에서는 전전의 국가주권형 이론을 이어받아서 헌법 41조의 국회가 국권의 '최고기관' 이라는 규정을 '미칭' (美稱)이라고 가르쳐 왔다. [그림 1]을 보면 국회가 국민주권형 권력분립에서 최고기관이 아니라 국가주권형 권력분립의 입법기관에 그친다는 전전의 행정권 우월을 지향한 권력분립론에 머무르고 있다.

전후에도 계속되는 이 전전형의 사고방식으로 오늘날에도 국회의원 특히 관료가 양성되고 있다. 1994년 9월 26일의 『아사히신문』에서도 나왔지만, 분권화에 대한 국회 주도의 개혁을 반대하면서 성청측은 "헌법에 행정권은 내각에 있고 국회가 행정의 효과에 직접 영향을 끼치는 것은 삼권분립에 반한다" 고 언급하고 있다. 마치 국가주권형 권력분립이라는 전전의 제국헌법의 사고방식이 오늘날에도 가스미가세키(霞ヶ關, 일본의 관청가—역자주)를 유랑하고 있는 것을 의미한다. 앞에서도 말했듯이 필자는 1977년 "국회이미지의 전환을"(졸저 『전후정치의 역사와 사상』, 〈ちくま學藝文庫, 1994년〉)에서 국민주권형 권력분립과 국가주권형 권력분립의 차이점을 제기했지만, 개혁은 전후 50년이 지난 지금도 헌법운용의 근본에서부터 결함이 있다.

게다가 내각의 행정권(헌법 65조)이 국가 차원의 행정권에 머무는 것도 유의해야 한다고 생각한다. 그러므로 자치체와 국가와의 사이에 대립이 발생할 때 내각의 행정은 '정부간 관계' 로서 정치조정 내지 재판을 포함한 제도절차를 취하는 것이 되는 셈이다.

분권화의 논점과 기초가 이미 폭 넓은 합의를 얻고 있기 때문에 국회가 국권의 최고기관으로서 성청의 저항 내지는 헌법학 · 행정법학의 기성 이론을 뛰어넘어서 스스로 「지방분권대강법」을 만들어 개혁에 착수할 수 있는가 여부가 최종적인 질문이 된다. 국회 · 내각 본연의 자세, 자치체 · 국가의 관계를 포함한 헌법운용의 현실이 새로운 문제제기에 직면하고 있다.

특히 국가 차원에 대해서는 국회 · 내각 주도인가, 관료 · 내각 주도인가라는 기본논점이 부각되고 있다. 분권화는 이렇게 전후의 헌법운용의 개혁으로 연결된다고 해도 좋다. 일본의 정치 · 행정개혁의 기본논점이 여기에 있다.

물론 연립정권의 취약함, 국회의 무기력에 의해서 1994년 말에 상정된 내각의 「지방분권대강」 단계에서의 변질, 혹은 대강법 제정의 유보 등도 생각해 둘 필요가 있다(그 후의 경과에 대해서는 이 책의 후기 참조). 그렇지만 이 분권화는 이미 언급한 것처럼 선취개혁이 아니라, 성숙개혁이므로 시간이 걸려도 반드시 실현된다. 단, 늦어지면 늦어질수록 국가 차원의 국회, 내각, 성청이 시민활동, 자치체에 의한 분권화, 국제시민활동 내지는 국제정치에 의한 국제화로부터 양면 공격을 받아 국가 행정의 열등화가 두드러지게 된다. 개혁이 늦어지면 늦어질수록 미래의 일본이 입을 타격은 커진다. 게다가 만약에 이 제도개혁에 성청이 저항해서 주요 골자가 빠진다면 자치체는 또 새로운 방법으로 다시 기회를 만들 것이다.

상기시켜 두고 싶은 것은 50년 전 패전 직후 「일본국 헌법」, 「지방자치법」이 제정될 때 일본의 시민은 자치란 무엇인지를 몰랐고, 쌀을 달라는 데모밖에 하지 못했다는 것이다. 또 자치체도 전전과 같이 국가의 하부기구에 지나지 않고 그 후도 기관위임사무와 3할 자치에 얽매여 가난하다는 이미지가 따라붙는 초라한 존재였다. 1960년대 도시형 사회로의 이행 개시와 더불어 시민활동이 널리 시작되었고, 자치체도 과제와 직원 면에서 양과 질을 모두 확충했기 때문에 오늘날의 자치체는 중앙정부로부터 자립된 과제를 가진 정부가 된 것이다.

일에는 하늘의 때(時)가 있다. 이미 신문에는 "성청의 저항, 첨예화" 혹은 "대강(大綱)의 변질이 불가피(骨抜き必至)"라는 표제어가 보이지만, 반드시 국가통치, 즉 관치 · 집권을 추진해 온 메이지 유신 이래, 새로운 획을 그으면서 일본의 시민자치 내지 자치 · 분권을 추진하는 제도개혁을 성숙시켜야 한다고 생각한다.

1980년대에 '지방의 시대'라는 말이 널리 유행했지만 가나가와 현의 "지방의 시대 심포지엄"은 1978년 이래 이번까지 17회를 기록하고 국가에 앞서 넓게는 정책연구, 구체적으로는 문화행정, 국제정책을 비롯해서 자치체의 신과제영역의 사고를 개척하고 자치체 및 국가 성청을 선도해 왔다. '지방의 시대'를 외친 나가스 가즈지(長洲一二) 지사가 이번에 퇴임하게 됨으로써 "지방의 시대 심포지엄"도 1994년이 최종회가 된다. 또한 "지방의 시대 심포지엄"이 1980년대 이후의 자치체 정책 · 제도개발에 큰 기여를 했다는 것을 부연하고자 한다.

III. 앞선(先驅) 자치체의 정책개발

1. 앞선 자치체의 역사적 배경

일본에는 3,000여 시정촌, 47개 현이 있지만, 자치체간의 행정 실적 내지는 정책 · 제도개발능력의 격차가 두드러졌다. 전후 50년 반세기를 거쳤으니 당연한 일이다.

전후 개혁에 의한 「지방자치법」에 기초한 현행의 시와 정촌, 혹은 현이라는 차원마다 보면, 거의 공통의 권한 · 재원의 틀 내에서 장기 · 종합의 자치체 계획을 중축으로 정책 · 제도를 개발할 수 있는 직원을 키운 자치체와 그렇지 않은 자치체 간에는 행정 수준의 격차가 생겼다.

모든 자치체가 가난하고 아무것도 없던 1960년대까지는 "자민당 정권이 나쁘다", "기관위임사무, 3할 자치가 나쁘다"라는 형태로 각 자치체 개별의 정치 · 행정책임을 국가 정부로 돌리고 각 자치체의 독자책임을 발뺌할 수 있었지만, 1990년대가 되면 독자책임을 면할 수 없게 된다.

필자는 자치체를 방문할 때면 그들이 자랑스럽게 생각하는 마을 가꾸기 구역을 둘러보고 도중에 거리의 디자인도 보지만 동시에 직원(병원을 제외한) 1명당 시민의 상 · 하수도 보급률, 혹은 재정력 지수, 공채(公債)비율 등의 재정관련지수 등도 들어보고 종합적으로 그 자치체의 행정 수준을 가늠한다.

겉으로는 동일규모, 동일조건으로 보이는 시에서도, 병원을 제외하고 직원 1인당 시민 140명에서 80명과 같이 배 가까이의 격차가 있다. 자치체 그 자체의 개성이 있기 때문에 단순한 비교는 불가능하다고 하지만, 자치체간의 행정 수준 내지 행정비용의 격차가 확연히 벌어지고 있는 것이 현실이다.

게다가 공채비(公債費)를 5%대로 억제하고, 하수도 보급률이 50% 이하인 시는 일을 하지 않는 것뿐만 아니라 행정경영, 재무관리의 능력이 없는 자치체라고 할 수밖에 없다. 시빌 미니멈으로서의 하수도 보급률을 높이는 것과 동시에 식생(植生) 등의 여러 시책을 포함해서 하천, 호수 등의 수질을 정화하는 자치체의 과제를 완수하기 위해서는 하드웨어만 만들고 소프트웨어를 만들어 내지 않는 사업을 억제함과 동시에 공채비 비율이 일시적으로 15%대까지 가도 좋다는 결단이 필요하다.

필자는 이웃의 자치체간에, 더욱이 인구나 면적이 거의 같은 전국의 자치체간에 행정 수준 비교지수를 만들어서 시민에게 공개하고, '우리' 자치체의 정책 수준을 검토할 때가 왔다고 생각한다. 그렇게 하면 금방 '우리' 자치체의 문제점과 가능성을 알게 된다.

물론 이미 자치체간 비교를 하고 있는 자치체도 있고, 특히 정령시(政令市)간에는 비교가 잘 행해지고 있지만 이러한 비교는 광범위하게 자치체간에서 행해지고 누구라도 알기 쉬운 형태로 시민에게 공개해야 한다.

이러한 의미에서 자치체 계획을 세우고, 직원에 의한 정책, 제도의 개발이 숙달되어 행정 수준이 높아진 개척자형 자치체를 '앞선 자치체' 라고 자리매김하고, 재래형의 '졸고 있는 자치체' 와 비교해야 하는 단계가 된 것은 아닐까? 말하자면 이 앞선 자치체는 시민 참가 · 직원 참가에 의한 자치체 계획을 기본으로 자치 · 분권정치를 열어 나가는 자치체이다. 졸고 있는 자치체는 메이지 이래의 관치 · 집권정치에 스스로 안주해서 국가의 시책 기준대로 행동하고, 시민에 대한 책임을 지지 않는 자치체를 의미한다. 이 졸고 있는 자치체는 토끼와 거북이의 이야기는 아니지만, 눈을 뜨면 언제든지 앞선 자치체로 바뀔 수 있다는 의미에서 굳이 '졸고 있는 자치체' 라고 이름붙인 것이다.

이러한 앞선 자치체의 전개는 1960년대 이후 일본이 도시형 사회에 들어가서 시민 내지 자치체 직원 혹은 단체장 · 의원이 자치 · 분권정치에 전념한 결과이다. 이를 위해서는 그 지역의 시민 내지 자치체 직원의 문화혁명이 필요했다.

이 앞선 자치체의 기원은 이른바 1963년의 통일 지방 선거로부터 시작되는 혁신 자치체였다. 아스카(飛鳥田) 요코하마 혁신 시정(革新市政)의 '1만 명 시민집회', 미노베(美濃部) 도쿄 혁신 도정(都政)의 '대화에서 참가로'는 오늘날의 사람들에게는 당연한 일이지만 당시에는 국가 차원의 의회정치라는 이미지밖에 없던 일본의 민주정치의 사고방식을 획기적으로 바꿨다. 혁신 자치체는 민주정치의 방법으로서 혹은 민주정치의 새로운 비전으로서 당시는 충격적이었다. 게다가 혁신 자치체는 시빌 미니멈을 설정하는 것을 통해 일본 역사에서 처음으로 '시민 참가에 의한 시민복지'의 정책 · 제도를 개발하기 시작한다. 당시의 보수 · 혁신 모두에게 보였던 선심형 행정풍토에 시민의 룰(rule)을 제기한 것이다. 혁신 자치체는 이렇게 해서 '자치체 개혁'으로의 구체적 제1보를 내딛고 전국의 자치체의 사고방식, 그리고 사회과학의 방법을 바꿔 간 것이다.

이 혁신 자치체는 그 후 시빌 미니멈의 '양적 충족'을 전망하고 1980년대에는 거의 그 역할을 끝낸다. 그 후 '문화화'를 향해 시빌 미니멈의 '질적 정비'의 단계에 들어가서 이번에는 '앞선 자치체'의 가능성을 추구하게 되었다. 혁신 자치체는 오늘날의 앞선 자치체의 출발이다.

1990년대에 들어서 국가 차원의 정치일정에 오른 분권화를 향한 '제도개혁'은 1960년대 이래 '정책개발'을 축적해 온 혁신 자치체 · 앞선 자치체의 성과를 배경으로 하고 있다고 해도 무방하다. 사실, 자민당 장기정권 붕괴 후의 역대 연립정권에서는 지사와 시장 등 자치체의 장으로서 앞선 자치체를 만드는 성과를 올린 정치가들이 국가 정부의 요직에 앉았기 때문에 분권화의 '제도개혁'이 국가 차원의 정치일정에 뒤늦게나마 겨우 포함될 수 있었다. 국가 차원의 정치에 당내파벌, 관료의존과는 이질적인 시민, 자치체를 둘러싼 새로운 경험이 합류되었기 때문이라고 해도 좋을 것이다.

또 자치체 차원에서는 이 앞선 자치체와 졸고 있는 자치체와의 격차를 앞선 자치체가 점점 더 벌어지게 하는 자치체간 경쟁의 유발이 필요하다. 이 자치체간 경쟁의 과정에서 시민의 비판에 의해서 졸고 있는 자치체는 눈을 뜰 수밖에 없게 된다. 물론 수자원(水資源), 쓰레기 처리와 같은 광역정책과제 혹은 재해복구 같은 자치체간 협력은 필요하지만 국가 보조금을 타내기 위해 수단과 방법을 가리지 않는 자치체간의 부정적 경쟁을 역전시키고 행정혁신, 즉 정책 · 제도개발의 자치체간 경쟁이 불가결하다.

일본의 관치 · 집권정치로부터 자치 · 분권정치로의 이행은 관치 · 집권형의 성청 주도로는 불가능한 것이 당연하다. 그것은 자치체가 스스로 자치 · 분권발상에 의한 자립을 추진할 때

비로소 형성된다. 또한 자치체간 경쟁만이 자치체간의 시민교류, 직원교류, 혹은 단체장의 교류를 만들어 가면서 끊임없는 정보집약, 기술이전이라는 자치체간 협력을 만들어 낸다.

사실, 오늘날에는 시민간은 물론 직원간에도 앞선 자치체로의 시찰, 일시파견, 혹은 자치체를 테마로 하는 심포지엄에서 학회까지, 다양한 형태로 자치체간의 교류 · 협력이 만들어지고 자치체의 정책 · 제도혁신을 가속화하고 있다. 1960년대까지는 자치체간에 독자적으로 열린 교류는 전혀 없었다고 해도 과언이 아니었다. 단체장의 견식에 달려 있지만, 교류 그리고 협력에 적극적으로 참가해서 행정 수준을 높이는 자치체와 이러한 것에도 참가하지 않고 종래의 국가 의존 체질에 안주하고 있는 자치체간에는 격차가 순식간에 벌어지고 만다.

1980년대 이후의 자치체에서는 말하자면 '행정의 문화화' 가 문제가 된 것같이 지금까지의 양적 충족을 향한 행정이 질적 정비를 향한 행정으로 바뀌고, 각 자치체의 정책 · 제도의 문화 수준이 중요시된다. 근대화의 효율을 위해 하위 평준화가 된 국가 기준의 양적 충족의 단계는 거의 끝나고 오늘날에는 이 국가 기준을 넘어서 방재, 녹화, 문화로부터 복지, 도시, 환경 그리고 국제정책까지를 포함한 행정 문화 수준의 혁신이 과제가 되었다.

거기에는 지금까지 일본의 사회과학자와 국가성청이 생각도 하지 않았던 자치체 차원에서의 법무정책 · 재정정책의 전개, 혹은 지역개성을 가진 행정기술 · 행정 디자인의 개발이라는 과제도 포함된다. 이 앞선 자치체의 연장선상에 오늘날의 분권화가 일정궤도에 올라 있기 때문에 이 과제에 부응할 수 없는 졸고 있는 자치체는 더욱 퇴보하게 된다. 분권화가 진행되면, 각 자치체의 정치 · 행정의 개별책임이 엄격하게 추궁된다.

1990년대가 되어서 자치체를 둘러싼 문제 상황은 이상과 같이 변해 왔다. 국가에 의존하는 혹은 국가를 비판하는 것만으로 충분했던 시대는 끝나고, 각 자치체가 자치체로서의 개별의 정치 · 행정책임을 시민으로부터 추궁받게 된다.

2. 자치체는 어디까지 변할까

자치체의 과제를 다음과 같이 규정하려고 한다.

(1) 시민 참가형 자발성의 결집

(2) 시빌 미니멈의 공공보장

(3) 지역경제력을 동반하는 도시 · 농촌정비

(4) 정치 · 경제 · 문화의 분권화, 국제화

(5) 자치체 기구의 투명화 · 효율화

그렇지만 이 과제의 실현을 위해서는 메이지 이래의 관치 · 집권발상의 전환, 즉 정책 · 제도에서 자치 · 분권 스타일의 형성이 불가결하다.

이를 위해서는 30년 내지 여러 세대에 걸친 긴 세월 동안 문화혁명이 일본 시민의 정치숙달을 둘러싸고 진행될 필요가 있다. 왜냐하면 농촌형 사회의 마을은 신들이 만들었다고 해도 도시형 사회는 우리들 시민이 만들기 때문이다.

이상과 같은 자치체 개혁에 앞장서 이것을 추진하는 원동력이 되고 있는 자치체가 앞선 자치체이지만 그 조건을 다음과 같이 생각하고 싶다.

(1) 먼저 '우리' 자치체의 정책 · 계획의 구상을 기준으로 국가의 통달 · 보조금, 인허가 · 행정지도 등에 의지하지 않고 한 발 거리를 두고 이것을 비판 · 선택할 수 있는 자치체, 즉 '자립하는 자치체'가 앞선 자치체의 제1조건이다. 그 기본은 개별 시책은 물론 특히 장기 · 총합의 자치체 계획을 시민 참가 · 직원 참가의 절차로 직접 만들 수 있는 것이다.

그런데 이 같은 정책이나 계획에 대해서 정부의 방침을 복제하는 것뿐만이 아니라 세금을 사용해서 큰 돈을 들여서 컨설턴트 혹은 싱크탱크에 외주를 주고 있는 자치체가 오늘날에도 줄어들고 있지 않다. 과거 1억 엔 고향 창생계획(ふるさと創生計劃)으로부터 고령사회에서의 정책정비를 향한 최근의 골드 플랜 작성시에도 좋고 있는 자치체에서는 이 외주가 전형적으로 나타나고 있다.

정책 · 계획은 늘 수정 내지는 개정이 행해질 수 있는 융통성 있는 구조를 가질 필요가 있다. 그러나 정책 · 계획을 외주에 맡기면, 그 자치체 내에서 직접 정책 · 계획을 수립하는 경험과 수법을 축적할 수 없고, 인재도 기를 수 없는 악순환에 빠져서 이후에도 끊임없이 국가 의존 내지는 외주를 계속하게 된다. 시민과 직원 또 단체장과 의원이 모처럼 정책 · 계획의 책정에 숙달될 기회를 잃고 언제까지나 그 자치체에서는 정책 · 계획을 독자적으로 수립하는 능력을 갖지 못한다.

예를 들어 자치체의 정책 · 계획은 수준이 낮아도 그 자치체에서 시민 참가 · 직원 참가로 만들어 나가면, 점차 책정의 경험 · 요령이 그 자치체 내에 축적되어 수준도 높아진다. 독자적으로 자립해서 수립한다고 해도 물론 전문가의 의견 혹은 폭 넓은 정보의 집적은 필요할 것이다. 그러나 이러한 의견 · 정보는 그 자치체에서는 참고에 지나지 않는다(자치체 계획의 작성방법에 대해서는 졸저 『시민문화는 가능한가』 제5장, 1985년, 岩波書店).

정책 · 계획에 관해서는 각각의 자치체가 독자적으로 자립해서 수립하기 위한 절차, 그리고 모색 · 시행의 과정에 의의가 있다. 시민에게 개방된 절차에 의해 그 모색 · 시행을 축적해 가면 시민, 직원, 단체장 · 의원들 사이에서 인재가 자라고 경험 · 요령의 축적이 진행되어 정책 · 계획의 입안 · 집행으로 숙달되어 간다.

특히 오늘날의 자치체에서는 종래의 성청 종적 분할(縱割)시책을 바꾸기 위해 횡적 분할(橫割)의 법무 · 재정, 행정기술 · 행정 디자인이라는 새로운 영역의 개척에 착수할 필요가 있다. 법무에서는 자치체의 정부로서의 정책책임, 재무에서는 자치체의 정부로서의 경영책임에 의한 정책 · 제도의 재구축이 요청되고 있다. 또 행정기술의 개발이 없다면, 지역 개성이 필요한 쓰레기 처리로부터 지역복지, 지역녹화까지의 기술 돌파가 불가능하다. 행정 디자인의 숙달이 없으면 도로변, 자연경관으로부터 서식, 도로표시까지 지역 개성을 살리는 것이 불가능하다. 이러한 문제는 자치체의 일상 행정의 모든 영역에서 널리 확대되고 있고 장기 · 총합의 자치체 계획에 의한 유도(誘導)가 기대되고 있다.

(2) 행정은 관청으로 자기완결이 불가능하기 때문에, 시민에게 '열린 자치체' 이어야 한다. 높은 문화 수준의 시민활동과 단체 · 기업의 향상된 정책 수준 없이는 행정자치가 존속할 수 없다. 제I장에서도 언급했지만 행정의 붕괴를 일으키는 재난 상황을 상기시키고 싶다. 오늘날에는 시민활동, 단체 · 기업활동이 행정의 토대가 된다. 행정의 과제는 시민간, 단체 · 기업간에 제기된 쟁점 · 정책을 조정하기 위한 '광장' 을 만드는 데 있기 때문에 후진국 단계에서 이른바 국가라는 환상이 만들어 낸 '선도성' (先導性)은 붕괴되고 있다. 게다가 국가의 행정도 3,000여 개의 시정촌, 47개의 현이 있고서 비로소 성립된다. 국가가 있고 자치체가 있는 것이 아니라, 자치치가 있고 나서 비로소 국가가 성립되는 것이다.

이 때문에 단체장 · 의원에 의한 정책결정의 '정치절차' 에 대한 시민, 단체 · 기업의 참가가 불가결하다. 그뿐만 아니라 정책 실현을 위해 시민, 단체 · 기업이 참가하는 '행정절차' 도 요구되고 있다.

이 정치 절차 · 행정절차가 의의를 가지기 위해서는 뒤에서 언급하겠지만 또 '정책정보' 의 공개도 당연히 필요하다. 주지하듯이 지금까지 자치체는 국가와 더불어 통지형의 '홍보정보' 에 몰두해 왔다. 그렇지만 이 홍보정보는 시대가 다르다고는 해도 대본영(大本營, 전시 천황 직속의 최고 통치기관—역자주) 발표 혹은 정내회 · 부락을 통한 회람판과 동형(同型), 내지는 그 현대판이다. 홍보정보는 정책결정 '후' 의 통지정보에 머문다. 오늘날 정보공개로서 문제가 된 것은 정책결정 '전', 즉 시민에 의한 정책의 토의 내지는 입안을 위해 필요한 '정책정보' 의 공개이다. 예를 들면 정보공개조례도 필요하지만, 이것은 청내문서의 공개이지, 직접 정책정보의 공개가 아니라는 점에 주목하고 싶다. 물론 문서의 공개에 의해서 문서를 충분히 검토하면 이것도 정책정보공개의 전제가 된다.

열린 자치체에서는 참가절차 · 정보공개에 대한 수단개발이 불가결하다. 그렇지 않으면 자치체도 국가 성청과 같이 '관청' 이 될 수밖에 없다. 창구 내지 접수 담당자가 방긋 웃는 것만으로는, 혹은 토의자료도 없는 노천 시민집회를 여는 것만으로는 열린 자치체가 될 수 없다.

특히 시민에게 열린 자치체가 되기 위해서는 우선 자치체 직원에게도 열린 자치체가 되는 것에 유의할 필요가 있다. 청내에서의 정보공개가 불가능하면 시민에게도 정보공개가 불가능하기 때문이다. 자치체 직원이 '우리' 자치체의 전문가가 되기 위해서, 또 정치절차, 행정절차에 관해서 시민과 토의하기 위해서도 우선 청내의 정책 정보의 공개에 의해서 '우리' 자치체의 지역구조, 정책특성을 이해할 필요가 있다. 정책정보의 공개가 없다면 시민, 직원 또 단체장 · 의원이 '우리' 자치체의 정책 · 제도 만들기를 검토할 수 없고 (1)에서 언급한 것과 같이 외주에 의존하는 결과가 되고 이는 국가 의존의 하청 행정밖에 되지 않는다.

사실 많은 자치체에서는 아직까지 시민이 제기한 개개의 과제에 대해서 국가의 법제 내지는 통달 · 보조금을 적용시키기만 하는 두더지 때려잡기(モグラタタキ, 임시처방적 대중적 정책—역자주)식의 행정을 하고 있다. 거기에서는 '예측과 조정', 즉 선견지명과 실효성을 가진, 그 자치체 독자의 정책 · 계획 수립이 자치체 책임으로서 자각되지 못한다. 행정이란 국법, 즉 '법의 집행' 이라는 말의 의미는 이 두더지 때려잡기식의 행정에도 있었다. 오늘날의 자치체에는 시빌 미니멈을 공공의 기준으로 선택해서 시민의 필요 내지 과제를 자치체 계획으로 연결시키고, 이를 자치체 독자수법으로 해결해 가는 것이 기대된다.

(3) 이 같은 (1) '자립하는 자치체', (2) '열린 자치체' 에 기초해

서 정책 · 제도의 개발이 가능한 '창의 · 책임 있는 자치체' 가 비로소 형성된다.

현재, 일본의 자치체에서 환경 혹은 공해는 반영구적인 과제이지만 전국 기준에서 아직 50% 수준에 머무는 하수도시설을 제외하면 시빌 미니멈의 양적 충족은 거의 끝나 가고 있다. 국법에 국가 기준을 정하고 있는 정형성이 있는 시책의 양적 충족은 거의 끝났다. 게다가 보육원, 유치원, 학교 등은 어린이 수의 감소도 작용해서 남아돌고 있다. 하수도 보급률도 100%를 충족시키는 자치체가 늘고 있다.

오늘날 자치체의 과제는 고령화, 정보화로의 새로운 과제는 물론이고, 또 종래의 양적 충족을 달성하고 있는 전국 획일적인 국가 기준을 넘어서 지역개성, 지역총합, 지역선도를 향한 독자 정책을 개발하는 단계에 들어와 있다. 이것이 시빌 미니멈의 양적 충족으로부터 질적 정비로의 비약을 추구해 온 '행정의 문화화' 의 의의이다. 이러한 과제를 가진 정책 · 제도개발에 몰두할 수 있는 자치체가 앞선 자치체로 간주된다. 지금까지는 권한 · 재원이 확충되면 자동적으로 자치체의 정책 수준이 올라간다고 안이하게 생각해 왔다. 그러나 이제는 국가의 종적 분할과는 다른 자치체 독자의 횡적 분할의 법무정책 · 재무정책, 그리고 행정기술 · 행정 디자인의 개발이 급선무가 되었다. 자치권이 확충되면 될수록 이러한 정책 내지는 계획을 둘러싼 각각의 자치체의 창의와 책임이 요청되는 셈이다.

그뿐만 아니라, 1980년대 이후가 되면 도시형 사회가 성숙하게 되고 시대의 변화가 가속화되는 것과 더불어 시민의 문화 수준, 단체 · 기업의 정책 수준이 변했기 때문에 국가를 포함해서 메이지 이래의 행정의 '선도성'은 상실되고 행정의 '열등화'가 두드러지게 된다. 여기서부터 새롭게 행정의 자기혁신을 향한 창의와 책임이 엄격하게 추궁된다.

그렇다면 자치체 기구는 지역규모의 '정부'이어야 할 뿐 아니라, '싱크탱크'가 되기를 요구받고 있다. 자치체 직원은 모든 직무를 포함해서 서기형(書記型), 노무형(勞務型)으로부터 기획자형, 연출가형으로 바뀌어야 한다. 특히 법무 · 재무, 기술 · 디자인 전문가의 배치가 급선무이다.

국가와 국제기구와의 관계를 제외하면, 자치체간의 정보, 기술 내지 정책 이전의 가속화를 위해 직원을 국내 · 국외의 앞선 자치체로 시찰 보내고 일시 파견하는 것과 더불어 전문직원의 중도(中途) 채용도 필요하다. 예전과 같은 총론 중심의 인사구성도 붕괴될 것이다. 인사범위 역시 지금과 같은 전일제(全日制) 자치체 직원의 종신고용 · 연공서열이라는 구조가 무너지고 자원봉사자로부터 파견직원, 준직원 등을 포함해 그 범위가 다양해지고 있다. 「지방공무원법」도 이미 무너지고 있고 개정이 필요하다.

시민대표인 단체장 · 의원의 정부구성은 선거에 의해서 끊임없이 변화한다. 시민으로부터의 환류장치인 선거에 의한 단체장 · 의원의 교체는 제도화되어 있다. 그렇기 때문에 자치체 행정 수준의 향상에는 자치체 직원의 수준향상이 중요하다. 각 자치체의 행정 수준은 직원들의 수준이다. 단체장 · 의원들의 정치 책임은 물론 기본이다. 현은 물론 시정촌에서도 독선형의 명물 시정촌 장이 행정을 휘어잡는 시대는 끝났다. 오히려 단체장에게는 수준 높은 직원기구를 만드는 과제가 새롭게 부여되었다.

오늘날 국가에 의한 국법만을 집행하면 된다는 메이지 이래의 참담한 자치체의 단계는 이렇게 끝나가고 있다. 일본의 앞선 자치체는 비록 제1장에서 본 자치체로서의 문제점을 널리 가지고 있다고 해도 국제적으로 보아도 그 직원의 행정 수준이 높은 자치체가 되어 왔다. 후술하겠지만 기관위임사무, 3할 자치라는 비판을 자치체 스스로 극복해 나가야 한다.

또 국가의 정치가 연립정권의 단계에 들어서서 시정촌, 현, 국가의 각 정부 차원에서의 정당연합이 달라지는 현상도 당연시 되어야 한다. 1960, 70년대의 혁신 자치체의 시기를 제외하고 자민당 중심의 정관재 유착의 영속은 '국가통치' 라는 관념과 연결되어 국가, 현, 시정촌 각 차원 정부의 강한 결집력을 보여 왔다. 그렇지만 이러한 시대도 끝나고 있다. 시정촌, 현, 국가 각 정부 차원의 정당연합의 편성이 달라진 시대야말로 자치체의 가능성이 새롭게 생겨나는 시대가 될 것이다.

여기에서 새롭게 자치체의 전후사를 돌아보려고 한다.

3. 분권화 · 국제화와 자치체 개혁

1990년대에 들어와서 냉전의 종언과 이에 동반된 자민당 장기정권의 붕괴는 연립정권이라는 형태로 일본 정치의 유동화를 시정촌, 현, 국가 각 정부 차원으로 촉진시키고 있다.

패전에 의한 점령으로부터 시작되는 전후 반세기, 말하자면 냉전 속에서 관치 · 집권형의 전전 체질을 이어받은 중진국(中發國) 특유의 정관재 대연합이 자민당 장기집권체제의 구조였다. 이 정관재 유착의 정치구조가 냉전의 종식을 배경으로 줄줄이 이어지는 구조적 뇌물수수사건[構造汚職]과 연결되어 자민당 주류의 분열이라는 형태로 유동화된다. 이것이 연립정권 시대의 시작이다. 특히 자(自) · 사(社) 등 연립정권의 성립은 보수 · 혁신이라는 중진국형의 이원 · 대립정치의 종결을 초래하고 정치 유동화에 박차를 가하게 된다.

이 같은 정치의 새로운 유동화 때문에 얼른 보기에 정치목표의 상실이 발생한 듯이 논의되고 있다. 정치가도 이 사태에 당혹해 하고 있는 듯하다. 그렇지만 이것은 잘못이다.

분명히 보수 · 혁신이라는 근대화 과정에서 중진국형 이원 · 대립은 근대화가 성숙된 도시형 사회가 성립하면 소멸해 간다(졸저 『정책형 사고와 정치』, 도쿄대학출판회, 1991년, 특히 제3장 2절 참조). 그러나 이 도시형 사회로의 이행은, 제도의 국제적 폐쇄성에서 기인하는 경제마찰과 함께, 일본 정치의 '분권화 · 국제화'

를 긴급한 정치과제, 즉 정치목표로 삼게 된다. 개별 쟁점의 해결을 둘러싸고 그 틀이 되는 정치 · 행정 스타일의 전환이 불가결하다. 즉 분권화 · 국제화가 오늘날 일본의 정치과제이다.

도시형 사회에 진입한 1980년대 이후 메이지 이래의 폐쇄형 국가 개념을 이어받고 게다가 냉전 상황에서 자민당이 주도했던 관치 · 집권정치를 대신해서 개방형의 자치 · 분권정치의 창출에 의한 분권화 · 국제화가 급선무가 되어 왔다. 게다가 전후 혁신파가 제기하고 1960년의 이케다(池田) 내각부터 일본의 보수정치를 바꾼 '호헌'(護憲)도 오늘날 국제화를 둘러싸고 일국(一國) 복지 · 평화주의라는 한계를 보이고 있어서 헌법운용에 대해서도 분권화 · 국제화가 불가피하다.

1990년대 일본의 긴급과제는 이 같은 분권화 · 국제화라는 경제 · 사회의 구조변화를 기저로 하는 정치 · 행정 스타일의 전환에 있다. 도시형 사회에서는 (1) 시빌 미니멈의 공공정비, 시민의 교양 · 여가의 증대, (2) 국제 커뮤니케이션의 확대, 국제분업의 심화에 의한 정치 · 행정의 분권화 · 국제화가 불가결하다. 그렇지만 유감스럽게도 1990년대에 들어와서도 국가 차원의 정치가, 성청, 그리고 다수의 저널리스트, 사회과학자도 메이지 이래의 일국폐쇄형의 관치 · 집권발상에 머물러 있다.

그러나 이미 30여 년 전 1960년대부터 시민활동 그리고 자치체 개혁이 새로운 일본의 정치 문제가 되기 시작했고 자치체 차원으로부터 분권화 · 국제화의 모색이 시작되어 왔다. 우선 자치체 주도로 국부의 재배분 내지 시빌 미니멈의 공공정비를 둘러싼 정책개발이 진행되었다. 그리고 1980년대가 되면 시민활동의 국제연대, 그리고 자치체 국제정책의 전개도 선보인다("자치체의 국제정책", 1991년, 졸저 『현대정치의 기초이론』, 도쿄대학출판회, 1995년).

이상의 변화 속에서 오늘날 일본의 자치체는 '정부' 로서 자립해 가고 있다. 자치체의 정부로서의 자립은 도시형 사회가 성립되면서 서양에서도 20세기 초기부터 시작되었고, 아직 농촌형 사회에 머물러 있는 아시아, 아프리카 등에서도 조금씩 시작되고 있다는 점에서 보편성을 가진다.

공업화 · 민주화, 즉 근대화의 성숙으로 도시형 사회에서는 수천 년 계속된 농촌형 사회의 마을 공동체와 신분의 지배는 끝나고 이런 공동체 · 신분을 대신해서 자치체가 정책 · 제도에 의한 시빌 미니멈의 공공정비에 노력하지 않을 수 없게 되었다.

도시형 사회가 성립될 때, [그림 3]과 같이 자치체는 지역에 있어서의 시빌 미니멈, 즉 사회보장, 사회자본, 사회보건의 정책주체가 되고, 더불어 이것을 담당하는 자치체 직원의 양과 질도 모두 확충되어 간다. 자치체는 근대화의 매개가 되었던 국가 차원의 정부로부터 자립해서 지역 차원의 정부가 되어간다. 일본에는 국가 차원의 하나의 정부만이 아니라 3,000여 개의 시정촌의 정부, 47개의 현 정부가 있어서 상호 억제균형을 유지해 '정부간관계' 를 형성해 왔다.

물론 국가는 일국의 경제운영 · 국제전략 외에, 예전에는 JR과 NTT(JR=국철을 민영화하여 6개의 여객회사와 화물회사로 구성, NTT=일본전신전화공사가 1985년 민영화한 일본전신전화주식회사의 약어—역자주) 등도 그랬지만, 오늘날에도 고속도로의 정비와 고도전문연구소의 설치 등 전략성이 있는 국가 차원의 직할사업을 독자과제로서 가지고 있다. 그러나 자치체에 대한 국가의 역할은 내셔널 미니멈이라는 정책 · 제도의 전국 기준의 설정에 머물러야 한다. 도시형 사회에서 정부가 되는 자치체는 이런 내셔널 미니멈, 즉 국가 기준을 근거로 하면서, 이것을 넘어서 지역개성을 살리는 시빌 미니멈, 즉 자치체 기준에 의한 독자적 정치 · 행정을 전개하는 것이다.

일본의 자치체가 도시형 사회로의 이행을 시작하는 1960년대 이후 시빌 미니멈을 내건 혁신 자치체를 선두로 독자의 정책 · 제도개발에 몰두하기 시작한 배경이 여기에 있다. 1990년대에 들어와 중진국형의 자민당 장기정권의 붕괴와 더불어 분권화가 국제화와 함께 새로운 정치과제가 된 것은 1960년대 이후 30년에 걸친 자치체의 성과가 있었기 때문이다.

동시에 국가도 관치 · 집권정치를 자치 · 분권정치로 바꾸는 분권화를 하지 않으면 국제화를 할 수 없다는 현실도 분명해졌다. 국제화에 대응할 수 있는 국가 차원의 정책전개를 위해서 국가 성청은 권한 · 재원을 자치체에 넘겨주는 분권화를 추진해서, 책임에서 보다 홀가분해질 필요가 있다. 분권화와 국제화는 연동되고 있다.

그렇지만 일본의 자치체에 대해서는 전전의 국가 숭배를 이어받아 깔보는 듯한 이미지가 남아 있다. 기관위임사무로 권한도 없고, 3할 자치로 재원도 가난하고, 직원도 수준이 낮고 단체장 · 의원은 부정을 일삼는다는 이미지가 바로 그것이다. 그렇지만 오늘날은 그렇지 않다.

기관위임사무라는 법의 틀은 일본의 근대화를 위해 특히 전후, 국가가 자치체를 국가 기준에 의해 선도하기 위한 장치였다. 그러나 일본의 앞선 자치체는 오늘날 국가 기준을 넘어서는 높은 수준에서 정책 · 제도개발을 시작했기 때문에 기관위임사무라는 장치 자체는 이제 의미가 없어졌다. 이 기관위임사무는 '국법 기준이 있는 자치체 과제', 옛날 말로 하면 국법 기준이 있는 자치체 사무로 간주하면 된다.

게다가 일본의 자치체 제도는 국가와의 관계에서 살펴보면 자치체 권한의 개괄예시방식(概括例示方式)을 취하고 제한열거방식(制限列擧方式)이 아니기 때문에 (제V장에서 상술) 지금까지 국가가 상정하지도 않은 자치체 독자의 정책 · 제도개발을 통해서 국가를 선도한다. 1960년대로부터 복지, 도시, 환경 혹은 산업, 교육, 또 인권, 평화 그리고 자치체의 국제정책 · 외교를 포함해 널리 자치체가 국가를 선도하고 오늘날 도시형 사회의 정책수준을 형성한 것은 국가 기준을 전제로 한 단순한 '가감'(加減)만이 아니라 개괄예시방식이기 때문에 가능했던 것으로서 자치체 정책의 자립 · 개발이 시작되었기 때문이다.

재원에 관해서 말하자면 예전 자치체의 고유재원은 3할이었기 때문에 이른바 3할 자치라고 불렀다. 하지만 첫째, 앞에서도 언급한 것처럼 자치체 재원은 이 3할에 지방교부세 교부금 2할, 보조금 2할을 더하면 7할로서 선진국 중에서도 높은 자치체 배분율이 된다. 둘째, 3할, 7할이라고 해도 1960년대 이래 급속히 GNP가 높아졌기 때문에 절대량이 많아졌다. 셋째, 자치체의 정책과제인 시빌 미니멈에서 공해는 반영구적인 과제가 되겠지만 하수도를 제외하면 거의 양적 정비가 끝나고 게다가 하수도 문제조차 완료한 자치체도 많아졌다. 이렇기 때문에 일본의 자치체는 시빌 미니멈의 질적 정비를 향한 재원의 여유를 가지게 되었다.

물론 거품경제에서 보이듯이 경제변동에 의해 단기적으로는 변동이 있지만 이후 큰 폭의 재원 증가를 기대하지 않는다고 해도 전체적으로 자치체 재원은 여유를 가지게 되었다. 평가는 별도로 하더라도 호화로운 관청과 미술관 등이 그 예라고 할 수 있다. 문제는 보조금, 교부금 등을 국가가 배분하는, 국가에 의한 자치체 조작의 장치를 폐지할 수 있는가에 있다.

이러한 자치체 가능성의 재평가 내지는 이론재편은 이 같은 권한 · 재원의 문제에 머물지 않는다. 자치체의 직원에 관해서 보면, 전전은 국가와 현과 시정촌 사이에 명확한 학력이라는 신분격차가 있었다. 그렇지만 1960년대 일본이 도시형 사회에 진입해서 직원의 증가가 필요했을 때, 전후 교육개혁에 의한 신제 고교 · 대졸 직원이 대량으로 자치체에 들어와서 자치체의 행정 수준을 일거에 올려 놓았다. 오늘날에는 시정촌, 현이 대등해져서 자치체 직원에 의한 '자치체 학회'도 만들어지고 국가와 정책논쟁을 할 수 있는 자치체 직원도 늘었다.

자치체의 단체장, 의원, 직원의 오직(汚職)에 관해서는, 이것은 정치에서는 항상 잔존하는 과제이지만, 국가의 구조적인 대형 뇌물 스캔들로부터 작은 낭비까지를 포함해서 거기에 시민 룰의 확립 내지는 단체장 교체의 가속화를 통해서 정치 · 행정의 투명화를 모색해 가게 된다.

이렇게 보면 오늘날 시민인 우리들은 일본 자치체의 위상을 크게 변화시킬 필요가 있다. 특히 자치체 직원 스스로가 그 평가를 바꾸어야 한다. 1990년대에 들어와서 분권화를 지향하는「지방분권대강법」(地方分權粹組法)의 책정이 '규제완화'와 더불어 국가의 정치일정에 오른 것은 이 때문이다. 메이지 국가 이래의 관치 · 집권정치를 자치 · 분권정치로 개혁하는 전략 쟁점이 여기에 있다.

만약 자치체 직원이 널리 시민과 더불어 종래의 가난한 자치체 이미지를 바꾸지 않는다면, 자치체 직원이 자치체 책임의 확대를 지향하고 있는 이 같은 분권화에 반대해서 자치체의 권한 · 재원의 확충을 종래대로 해도 좋다는 반응이 나오지 않을까. 게다가 권한 · 재원의 확충을 기초로 한 '정책 · 제도개발'

에 몰두할 수 있는 앞선 자치체도 유감스럽게도 아직 한정되어 있다.

그럼에도 불구하고 전후 반세기 50년이 지나고서 겨우 「지방자치법」의 본질적 개정을 고려한 분권화가 제II장에서 본 것처럼 「지방분권대강법」이라는 형태로 정치과제가 되었다. 1960년대 이후 30년간의 자치체 개혁의 성과이다.

「일본국 헌법」, 「지방자치법」을 둘러싼 전후개혁도 위로부터의 국가통치형의 개혁이었기 때문에 일본의 자치체는 이제야 메이지 이래 처음으로 시민자치형의 개혁에 직면하게 되었다.

4. 권한 · 재원과 법무정책

이상과 같이 1990년대에 들어와 자치체의 문제상황은 크게 바뀌어 왔다. 만약 「지방분권대강법」의 제정으로 일보 전진하고 시간은 걸리겠지만 종래 「지방자치법」의 근본적인 개정에 도달하게 된다면 시민, 그리고 자치체의 직원, 단체장 · 의원의 생각도 크게 바뀌고 자치체 개혁도 가속도가 붙게 될 것이다.

이미 제II장에서 문제점을 정리했지만, 분권이 실현되면 일본의 자치체는 지금까지와 같이 권한이 없고 재원도 없다는 구실을 만들어 국가에 책임을 전가하는 것이 불가능하게 된다. 시민에 대하여 각 자치체의 직원, 그리고 단체장 · 의회의 책임은 '예

혹은 아니오'를 통해 추궁된다. 국가로부터 출발하는 국가통치형 정치 · 행정이 시민으로부터 출발하는 시민자치형 정치 · 행정으로 바뀌고, 거기에 시정촌, 현의 독자책임이 추궁된다.

이미 언급했듯이 독자의 정책 · 제도를 개발할 수 있는 직원을 키운 '앞선 자치체'와 그렇지 못하고 성청 종적 분할의 통달 · 보조금 내지 인허가 · 행정지도, 그리고 낙하산 인사 · 외곽단체에 의존하는 '졸고 있는 자치체' 사이의 자치체간 행정격차는 이후에도 더욱 커질 것이다.

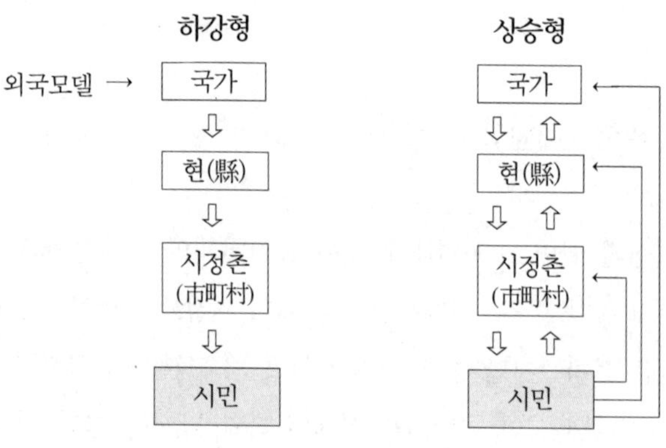

[그림 7] 정책순환모형

그 결과 일본의 앞선 자치체는 국가 성청의 종적 분할 행정, 그리고 그 정책 수준을 넘어서기 시작했고 [그림 7]과 같이 하강형으로부터 상승형으로 정책과정이 변해 왔다. 앞선 자치체는 국가에 대해 국내정책에 관한 선도성을 확립하기 시작했다. 일본 자치체의 수는 시정촌 3,000여 개, 현 47개이고, 특히 시와 현은 달러로 환산하면 일국 수준의 재원을 확보하고 인재도 풍부해졌기 때문에 이러한 앞선 자치체의 선도성은 당연하다고 말할 수 있다.

자치체에서 무풍(無風) 선거의 구조에 대해서는 제I장에서 언급했지만 특히 관료 출신 지사의 경우 1995년의 지방 통일 선거에서 도쿄도(都), 오사카부(府)에서 일어난 것처럼 문제가 있다면 시민이 낙선시키면 된다. 그렇지만 논점은 정당이 정당 공조로 '귀한 사람'(貴種)을 선택하는 것만으로 다음 절에서 언급할 실효성 있는 쟁점을 구축할 수 없다는 데 있다. 또 국가로부터의 낙하산 인사에 대해서는 국가가 직책에 임명하는 부장, 과장이 아니라 본인의 경력[職歷]에 맞는 인사를 해야 하고 교환인사로서 받아들여야 한다. 왜 이러한 것이 일어나는가 하면 국가가 권한 · 재원을 너무 많이 가졌기 때문에 관료 출신 지사, 낙하산 관료가 알라딘의 램프(打出の小槌)로 인식되기 때문이다. 전후에도 계속되는 관치 · 집권의 제도악(制度惡)이 이것을 만들어 내고 있다. 자치체 차원에서 정당을 활성화하기 위해서도 우선 분권이 불가결하다.

그런데 1990년에 들어오면서 자치체의 자립을 둘러싸고 자치체 법무정책의 확립이 불가결하게 되었다. 이 때문에 각 자치체에 법무위원회 내지는 법무실의 설치가 급선무로 되었다.

그 이유는 하강형에서 상승형으로의 정책과정의 변화를 배경으로 행정이 국법의 집행인가를 반문(反問)하기 시작했기 때문이다. 게다가 도시형 사회에 들어가 사회의 변화가 가속화되고 있다. 이를 위해 국법, 여기서는 행정법을 둘러싼 다음의 3가지 논점이 명확해졌다.

(1) 국법은 전국적으로 획일성을 띠기 때문에 국법 기준만으로는 자치체 행정이 하위 평준화된다.

(2) 국법은 종적 분할 성청이 소관하기 때문에 국법의 집행으로는 산만한 행정이 된다.

(3) 국법은 개정이 늦어지기 때문에 국법 기준만으로는 시대착오의 행정이 된다.

국법이 본래 지닌 이러한 구조적 결함 때문에 자치체는 그 정책을 자립시키고 자치체 정책 내지 자치체법에 의한 정책의 (1) 지역개성화, (2) 지역총합화, (3) 지역선도화를 추진하게 된다. 정책입안 · 집행의 전국 기준으로서의 국법을 자치체가 자치체기준법(제V장)으로서의 자치체 기본조례, 그리고 자치체 계획에 기초해 운용하는 셈이다. 도시형 사회는 국법만으로는 불완전하다. 도시형 사회의 법은 자치체법, 국법, 국제법 3극(三極) 간의 긴장구도 속에 있다고 이미 언급했다.

자치체 독자의 정책 · 제도는 기존의 국법을 넘어서 만드는 것이므로 당연히 기존 국법과의 조정을 위한 법무정책이 필요하게 된다. 국가 차원에서는 물론, 국제기구 차원에서도 법무조직을 가지고 있지만, 일본의 자치체 차원에서는 법무조직의 설치가 지금까지 문제제기조차 되지 않았다. 특히 국가 차원의 관치 · 집권형 발상에 머물러 있던 일본의 행정법 학자들은 이런 필요성을 지금까지 상정하지 않았고, 자치체가 정부로서의 법무정책을 가지는 것은 생각하지도 않았다.

자치체가 권한 · 재원을 확충하고 정부로서 독자적 정책 · 제도를 만들 때 국법을 포함해서 법의 정합성을 유지하기 위해서는 법무위원회 내지 법무실의 설치에 의한 정책법무의 연구가 자치체의 우선과제가 된다.

① 국법의 선택 · 복합 · 해석에 의한 자치운용, ② 조례, 규칙, 여기에 요강(要綱) · 내규 등의 행정준칙(行政準則)을 포함한 자치입법, ③ 자치체의 주도에 의한 국법의 개정 추진이 자치체 정책법무의 세 가지 과제이다. 뒤에서 언급하겠지만 행정절차를 둘러싸고 행정준칙 내지는 집행 기준의 공개가 당연한 것이 된 요즘, 자치체의 정책법무는 불가결해졌다.

1960년대 이후 시민활동의 등장으로 시민 소송(訴訟)에 대한 자치체의 '소송법무' 가 드디어 등장하게 되었다. 그렇지만 자치체가 정부로서 자립하기 위해 요구되는 '정책법무' 의 확립을 지향하는 법무직원 양성은 아직까지 자발적으로 착수하지 못하고 있다. 그렇지만 오늘날에는 이 같은 정책법무의 확립이 자치체의 과제가 되었다.

이후 일본의 자치체는 「일본국 헌법」 제8장 지방자치를 기초로 해서 독자적인 '기본조례'를 자치체 차원의 기본법으로서 제정하게 될 것이다. 이 기본조례는 장기 · 종합의 자치체 계획의 기본이며 또한 국법운용을 포함한 법무정책의 자치체 기준이 되어간다. 자치체 기본조례 그리고 자치체 계획은 국법의 운용 기준으로서 자치체 차원에서는 국법의 상위 기준이 된다.

권한 · 재원의 확대에 수반되는 자치체의 정치책임은 조례 등의 법형태를 동반할 필요가 있다. 여기에서부터 비로소 자치체는 정부가 될 수 있다. 법무를 국가에 의존해서 묻거나 상담을 하고 있는 한, 자치체는 권한 · 재원이 늘어도 책임을 지는 정부로서 자립할 수 없다. 여기에 앞선 자치체도 손대지 못했던 과제영역이 있다.

5. 시민 참가 · 정보공개 · 행정수속

앞선 자치체가 지향하는 자치체의 정부로서 자립, 그것을 위한 정책 · 제도개발은 주지하듯이 시민 참가 · 직원 참가로부터 시작된다. 시민 참가 · 직원 참가의 제도절차를 거쳐서 마지막으로 단체장 · 의원이 정부로서의 책임을 가지고 결정하는 것이 오늘날의 기본 법 시스템이다.

1960년대, 시민활동의 분출을 배경으로 시민 참가와 직원 참가가 일본의 정치과정에 등장했다. 필자가 편자가 된 1971년의

『시민참가』(東洋經濟新報社), 1980년의 『직원참가』(學陽書房)에서 각각의 이론화를 시도했다. 그렇지만 시민 참가 · 직원 참가는 '운동'으로서 전개는 되었지만 '제도'로서의 구축은 각 자치체의 특성, 쟁점의 다양성 때문에 끊임없는 시행착오 내지는 미완의 모색으로서 유연하게 생각해야 한다.

분명히 이미 배경을 언급했지만 시민 참가의 기본제도인 자치체 선거에서는 40% 이하로의 투표율 저하, 그리고 각 당의 정당공조 내지는 무풍선거가 확대되고 있었다. 이 사태에 대해서는 일본 시민의 정치 성숙도 차원만으로 파악할 수는 없다. 문제는 쟁점의 구성방식에 있다.

당연한 얘기지만 오늘날 예전의 보수 · 혁신의 이원 대립이 끝났어도 쟁점이 없어진 것은 아니다. 주지하듯이 쟁점은 생활 내지 환경의 질에 대한 것으로 한 단계 비약되었다. 고령화, 정보화는 물론, 쓰레기의 최종처리 혹은 재활용을 비롯해 문화, 녹화로부터 재개발, 또 지구규모의 온난화, 사막화, 산성비 등 새로운 긴급과제가 많이 쌓여 있다. 또 정보공개 · 행정절차를 둘러싼 행정 스타일의 전환도 새로운 쟁점으로 부상한 문제이다.

그렇다고 한다면 우선 이러한 쟁점과 정보가 정리되어 시민에게 공개되고 있는가가 문제가 된다. '정보 없이는 참가도 없기' 때문에 이것이 문제가 된다. 특히 지금까지 쟁취형의 정치가에 익숙해져 왔기 때문에 이런 새로운 쟁점을 극적으로 연출할 수 있는 단체장 · 의원 등의 정치가가 없는 것이 결정적인 문제이다.

게다가 자치체의 정치가뿐만 아니라 직원 자체도 자기가 근무하는 '우리' 시정촌, '우리' 현의 정책과제에 대해 충분히 이해하고 있지 않다는 사실에 주목하고 싶다. 종종 자치체 직원을 자치체 행정의 전문가라고 말한다. 그러나 이것은 틀린 말이다. 국가 관료도 성청(省廳)이라는 사업부제(事業部制) 때문에 성(省)은 있지만 국가는 없다고 말하고 있고, 자치체 직원도 자기가 근무하는 '우리' 시정촌, '우리' 현을 그다지 잘 알지 못한다.

말하자면 자치체 직원은 일반적으로 국가의 직원 내지는 관료와 같이 각각 현재 직무의 종적 분할 전문가이다. 그것도 담당 종적 분할 직무의 정책내용보다도 그 종적 분할 직무의 권한, 재원의 전문가인 셈이다. 몇 가지 직무가 바뀌었기 때문에 폭 넓게 알고 있는 직원도 있을지 모르지만 동일 직장에서도 3년이 지나면 그 직무 실태는 변해 버린다. 공무원도, 보통 봉급자 내지는 근로자와 같이 현재의 일, 즉 직무 전문가라고 말할 수 있다. 정촌은 말할 것도 없이 시 그리고 현, 국가가 되면 더욱더 전체를 알기 어렵게 된다.

이 때문에 자치체에서는 우선 '우리' 자치체의 지역구조 내지는 정책특성에 관한 정보의 정리 · 공개가 불가결하다. 그것도 앞에서 언급했지만 '우리' 자치체의 정책 만들기에 필요한 정책정보가 반드시 필요하다. 자치체의 홍보로서 나온 것은 정책결정 '후'(後)의 알림으로서의 '홍보정보' 이지만, 지금은 정책결정 '전'(前)의 '정책정보'의 정리 · 공개가 요망된다.

'우리' 자치체의 지역 내지는 정책의 전체를 알 수 있는 정책정보의 정리 · 공개가 시작될 때, 비로소 자치체 직원은 '우리' 자치체의 전문가로서 또한 시민, 직원, 단체장 · 의원이 동일정보로 논의할 수 있게 된다. 시민 참가 · 직원 참가도 여기에서 비로소 시작될 수 있다.

정책정보에는 3종류가 있다. 즉 시민여론을 기초로 해서 무엇이 과제가 되어야 하는가 하는 (1) 쟁점정보, 이 과제를 둘러싼 통계 · 지도 등 행정정보로서의 (2) 기초정보, 그리고 이 과제를 해결하는 데 필요한 개별, 전문적인 (3) 기술정보이다. 이들 세 종류의 정책정보를 "토의요망"에 모아서 공개할 때 비로소 시민회의, 직원 프로젝트 팀, 또 청회의[廳議]와 의회에서 심의 · 입안이 가능하다.

특히 (2) 기초정보는 행정의 일상으로서 정리 · 공개될 필요가 있다. 지금까지 자치체는 국가의 관청통계에 의한 숫자를 인쇄, 배포하고 있었지만, 단순한 숫자의 나열이기 때문에 이것만으로는 누구도 '우리' 자치체의 지역구조, 정책특성을 알 수 없다. 때문에 축척(縮尺), 그리고 과제영역은 다르지만, 각 시정촌 또는 현이 기초정보를 정리해서 수십 매의 지도에 기입하는『지역생활 · 산업 · 문화지표 지도』의 작성 · 공개가 요망된다.

이따금 이러한 정보가 컴퓨터에 들어 있다고 으스대는 자치체가 있다. 그러나 이 컴퓨터로부터 시민과 직원, 의원이 기초정보를 간단히 찾아내기는 어렵다. 게다가 많은 중요한 정보는 컴퓨터에도 넣지 않고 각 과가 감추어 두고 청내에서도 공개하지 않는다. 그렇다면 정책정보로서 정책입안에 필수 불가결한 정보를 지표 항목마다 지도를 만들고 누구라도 손에 넣을 수 있도록 인쇄, 배포하는 것이 당연하다. 이것을 자치체 직원은 계(係) 차원에서 몇 권씩은 가지고 있어야 하고, 시민, 단체 · 기업에게는 원가판매를 하면 된다.

이 "지역생활 · 산업 · 문화지표 지도"는 무사시노(武藏野) 씨가 1973년에 최초로 만들고 그 후 자치체 계획 개정의 전년에 다시 만들어서 앞선 자치체에도 자치체 계획의 책정 · 조정에 필수적인 것으로 전파하고 있다. 현 차원에서도 물론 만들어야 한다. 말하자면 커뮤니티 · 카르텔 방식은 지역 차원의 시민 참가에는 필요하다. 그러나 그런 방식은 시정촌 내의 좁은 우리 지역에 시설 · 시책의 자기완결적인 세트가 필요하다는 형태가 되기 쉬우므로 자치체 전역을 전망해서 지역간의 불균형성에 관해 지역특성을 살리면서 비교 · 균형을 취할 수 있는 지표 지도를 권하고자 한다. 정책정보의 공개에도 이러한 기술혁신이 필요하다는 것을 이해해야 한다.

「정보공개조례」는 이른바 문서의 정리 · 공개이고, 정책정보의 정리 · 공개와는 다르다. 예를 들면 시유지에 대해서 메이지 이래의 공문서가 공개되어도 그것이 어디에 있는가가 지도로 표시되지 않는 한, 정책정보로서는 이용할 수 없다.

물론 「정보공개조례」는 끊임없이 개정해서 그 충실성을 기해야 하고 특히 청내 문서 정리에 기여하는 것과 더불어 성청 접대와 가짜전표의 공개와 같은 행정 현실의 투명화를 확대시키지만 문서 공개와 정책정보의 공개는 구별해야 한다고 생각한다.

뿐만 아니라 오늘날 드디어 정책집행을 둘러싼 행정절차조례의 책정이 국가 「행정절차법」(行政手續法)의 제정과 더불어 자치체에서도 요구되고 있다. 유감스럽게도 오늘날 '행정절차' 라는 말이 예전의 '정보공개' 가 그러했던 것처럼 아직 누구나 알 수 있는 일본어로 되어 있지는 않지만 이 행정절차는 관청에 의한 관치행정을 바꾸고 있다.

지금까지 일본에서는 국가 성청뿐만 아니라 자치체도 관청으로서, 왜 어린이가 보육원에, 혹은 조모가 특별 양호 노인 홈에 들어갈 수 없었는가를 문서로 공개하지 않았다. 오늘날에도 관청의 입소(入所) '조치' 는 불이익처분이 아니기 때문에 행정절차의 대상이 아니라는 편협한 사고도 보인다.

행정절차는 이른바 집행단위에 있어서 시민 참가 · 정보공개 또는 행정규율로서의 적정절차[適正手續]를 말한다. 그것은 행정준칙 내지는 행정 기준, 즉 요강 · 내규의 공개뿐만 아니라 정책 · 집행의 참가와도 연결된다. 지금까지 자치체에서는 조례 · 규칙을 '예규집' (例規集)으로 공개해 왔지만 앞으로는 행정절차조례의 제정에 의해서 우선 이른바 기관위임사무를 포함한 자치체의 집행절차에 관하여 요강 · 내규의 공개가 요망된다. 즉 행정준칙의 공개에 의해 개별 시책의 투명성 · 책임성을 확실히 하는 것이다.

이 행정절차조례의 제정에는 이러한 요강 · 내규의 정리와 공개가 불가결하다. 지금까지 도시 만들기와 관련된 요강은 일부 공표되었지만 곧 모든 요강 · 내규를 공표하게 될 것이다. 아직 준칙이 책정되지 않은 개별 시책에 대해서도 당연히 그 책정과 공개가 필요하다. 신규(新規)시책 예산에 대해서는 반드시 그 집행 기준으로서의 요강 · 내규의 책정이 필요해지고, 즉흥적인 시책은 불가능하게 될 것이다.

정보공개가 되는 행정준칙 · 집행 기준을 제정함에 있어서는 프로젝트 팀에서 시작되는 직원 참가는 물론 시민위원회 등 시민 참가의 절차를 도입하는 것과 더불어 그것을 정밀히 조사하기 위한 청내 법무위원회의 창설, 그 사무국으로서의 법무실의 설치가 급선무이다. 종래와 같은 문서과로는 곤란하다. 자치체의 정책법무 내지 법무정책은 행정절차에서도 긴급한 과제가 되어 왔다.

지금까지의 정책책정에 대한 시민 참가에 덧붙여서 행정절차는 정책집행에 대한 시민 참가를 의미한다. 거기에는 행정준칙 내지는 집행 기준에 관한 정보공개가 요구된다. 국가와 마찬가지로 자치체에서도 계속되고 있는 관치형 관청으로부터의 행정스타일 변화가 여기서부터도 이제 시작된다.

6. 행정의 열등화와 행정의 혁신

도시형 사회에 들어와서 자치체에는 더욱 엄격한 논점이 부가된다. 국가, 자치체를 포함해서 일본이 후진국이었던 시절의 행정의 선도성이 사라지고, 오히려 행정의 열등화가 드러나기 시작했기 때문이다. 시민의 문화 수준, 단체 · 기업의 정책 수준이 변화한 결과, 관공서 기분 내지 관청의식이 계속되는 국가의 성청을 비롯해 자치체도 행정 수준의 열등화가 두드러져서 시민의 비판이 날카로워졌다.

사실 오늘날 국가로부터 현, 시정촌까지 대형 · 전문의 공공건축으로부터 지역 재개발까지 청내에서의 내부설계는 거의 이루어지고 있지 않다. 컴퓨터의 도입에도 자치체에 하드웨어를 아는 전문가를 육성하지 않는 한, 기종의 선택과 소프트웨어의 개발도 불가능하다. 또 공립학교도 사립학교에 비교되었다. 복지에 대해서도 행정은 이를 독점할 수 없고 시민활동 내지 단체 · 기업의 진출이 확대되어 간다. 게다가 행정이 옛 국철(國鐵)과 우편 소포사업에서와 같이 기업과 경쟁할 때 패배하는 경향도 확실해졌다. 게다가 오늘날에는 산업, 무역, 금융으로부터 통신 시스템까지 국가정책은 국제비판에도 노출되었다. 여기에 환경오염, 쓰레기 처리에서 의료, 약사(藥事) 혹은 농협, 임야 등까지 행정책임을 동반하는 오판과 실태(誤斷 · 失態)도 두드러졌고, 이것을 어떻게 생각하는가를 둘러싸고 자치체, 국가를 불문하고 행정 전체의 열등화가 문제가 되어 왔다.

게다가 오늘날에는 정책을 '직업화' 하고, '상품화' 하는 상담역 내지 싱크탱크의 수준이 향상되었기 때문에 자치체, 국가의 정책 수준의 열등화가 더욱 눈에 띄게 된다. 특히 졸고 있는 자치체가 만드는 정책은 외부발주도 행해지고 있다. 전반적으로 보면 싱크탱크를 포함해 자치체 차원의 정책 수준 상승은 이루어지고 있다고 보일 수도 있다. 그러나 그때 외부발주에 의존하는 자치체의 정치책임이 추궁된다.

문제는 자치체가 모든 정책 내지 계획을 외부발주로 하는가 그렇지 않은가에 있다. 싱크탱크 등은 우선 비즈니스로서 정책을 직업화 · 상품화한다. 또 외부발주를 한다고 해도 자치체에 그것은 정보로서 참고안(參考案)에 머무른다는 점에 유의할 필요가 있다. 자치체의 정책결정은 시민 참가 · 직원 참가의 절차를 통한 자치체의 정치책임이다.

그러므로 국가가 행하고 있는 것처럼 기초조사의 위탁과 의견으로서의 참조는 필요에 따라 행하는 것도 좋지만 정책 또는 계획의 수립 자체는 자치체 내부에 정책개발능력을 축적하기 위해서도 자치체가 책정 절차와 과정을 공개하면서 추진해 나가야 한다. 전부 외부발주로 하는 것은 행정의 열등화를 가속화시킬 따름이다.

그것뿐만이 아니다. 시민, 단체 · 기업의 수준이 변한 결과, [그림 8]과 같이 자치체와 국가가 '공공정책' 을 독점할 수 없는 것은 물론 '정부정책' 도 특정의 책임영역에 한정된다는 것이 오늘날 행정의 위치이다. 이 같은 정부정책의 책임영역에서도 시민, 단체 · 기업이 그 집행을 분담한다.

또한 오늘날 시민의 문화 수준, 단체 · 기업의 정책 수준에 행정, 즉 자치체로부터 국가까지 개개의 직원 내지 관료가 대응능력을 가지는가 여부가 매일같이 문제시된다. 문제의 당사자인 시민, 단체 · 기업은 물론 알고 있지만, 이런 행정의 열등화는 매일 신문, 텔레비전에서도 광범위하게 비판받고 있다.

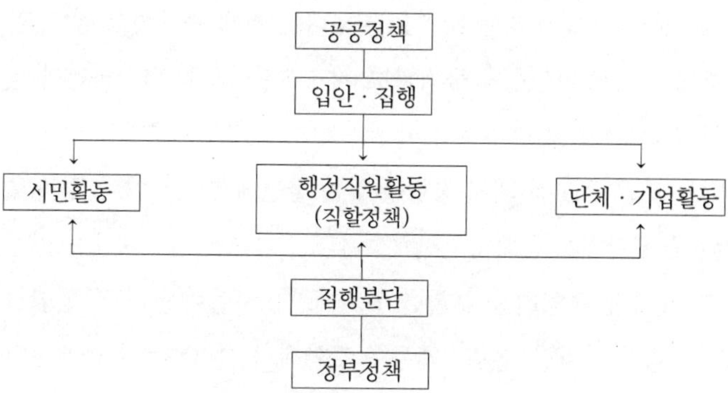

[그림 8] 정책의 입안 · 집행 · 책임 배분모형

오늘날의 행정에는 시빌 미니멈의 '질적 정비' 를 둘러싸고 지역개성을 살리는 높은 문화성 내지 전략성이 요구되고 있다. 이것이 행정의 문화화라는 과제이다. 오늘날 행정에서는 분권화 · 국제화뿐만 아니라 행정의 열등화를 둘러싸고 정책 수준, 정책 내부의 문화화가 요구되고 있다. '환경친화적' 이라는 논점도 그것이다.

자치체 차원에서 보면 행정의 문화화를 둘러싸고 국법의 전국 기준을 초월하는 정책의 높은 질이 행정기술 · 행정 디자인에 대해서만 요구되는 것은 아니다. 그 첫 단계로서 입찰제도의 개혁도 불가결하다.

입찰에 대해서는 투명화도 물론 과제이지만 시빌 미니멈의 양적 충족의 시대로부터 질적 정비의 단계에 들어섰기 때문에 '싼 게 비지떡' 이라는 정책은 끝났다는 것에 주목하고 싶다. 입찰에서 이른바 담합을 둘러싸고, 지명경쟁입찰을 비판하면서 일반경쟁입찰이 좋다는 주장이 두드러지지만, 일반경쟁입찰로 끝나는 것은 소모품 내지 정형성 있는 물건에 한해서이다. 경관(景觀)을 포함해서 문화성 · 전략성이 요구되는 시설 · 시책은 인건비, 유지비, 운영비를 포함한 원가계산 · 사업채산, 혹은 행정기술 · 행정 디자인, 법무 · 재무를 포함해서 결정과정을 공개하면서 공모방식을 포함한 수의계약도 필요하다. 정책에 대해서 단지 경제성만이 아니라 문화성 · 전략성을 포함한 투명성 · 효율성도 요구된다.

질적 향상을 지향하는 시책의 입찰에 관해서 건설성도 수의계약의 방법으로서 제안서 방식을 도입하고 있지만 자치체에서도 행정의 문화화를 둘러싸고 법 준거 위에 스스로 입찰방식의 개발을 시도해야 한다. 이 점에 관심을 기울여야 한다. 이렇게 행정수단의 전환이 불가결한 영역이 수없이 확대되고 있다.

또한 자치체 차원에서 새롭게 정책발상의 전환이 요구되고 있다. 지금까지는 '법의 집행'으로 얘기되어 온 것처럼 자치체 차원의 개별 시책마다 국가의 법문(法文) 그리고 통달 · 보조금이 전제가 되어 있었다. 그 전형이 관치 · 집권형의 장치로서의 기관위임사무 내지 보조금의 수법이었던 것이다. 이 발상은 지방교부세 교부금에서도 이른바 기준재정수요라는 형태에 의한 개별 시책의 적산(積算)방식에 나타나고 있다. 그 결과 유감스럽지만 자치체에서는 권한은 있어도 국가의 재원이 붙지 않는 독자시책은 추진하지 않는다는 사고방식이 퍼져 버렸다.

일단 성청 종적 분할의 기관위임사무방식, 통달 · 보조금 등이 폐지되고 포괄적인 권한 · 재원이 자치체에 오게 되면, 종래의 법문, 통달 · 보조금 또 인허가 · 행정지도 등 국가의 개별 시책에 의존하는 정책발상은 전면적으로 전환되어야 한다. 여기에서 장기 · 총합의 자치체 계획의 책정에 의한 각 자치체의 정책책임이 새롭게 추궁된다.

이 장기 · 총합의 자치체 계획이 기획실의 아름다운 문장(美文)에 머무르지 않고 실효성을 갖기 위해서는 타블로이드판 4쪽 혹은 8쪽의 형태로 책정원안을 시민 전체, 직원 모두에게 배포되고 비판, 제안을 수용하는 형태를 취해야 한다. 장문으로 만들면 두껍고 비싸서 시민, 직원에게 배포할 수 없고, 완성본은 적은 부

수밖에 만들지 못하므로 시민, 직원은 원본을 보지도 못하고 좋은 것만 담은 요약본만을 보게 된다. 계획수립의 절차 · 내용은 이러한 '형태' 로도 나타난다는 것에 유의하기 바란다.

자치체에서 권한 · 재원의 분권화가 진행되면 국법이라는 전국 기준에 필요한 영역은 남지만 자치체가 국가의 개별 법문, 또 통달 · 보조금에 의지하는 것이 불가능하게 된다. 자치체다운, 자치체의 기본조례 그리고 장기 · 종합의 자치체 계획을 기축으로 지역개성을 가진 정책 · 제도의 자기 개발이 독자책임으로서 요청된다. 따라서 자치체 직원은 '생각하는' 기획가형, 연출가형의 직원으로 변하지 않을 수 없다. 특히 복지, 자원 재활용, 녹화, 환경, 또 교통, 방재를 보면 알 수 있듯이, 지역 만들기를 둘러싸고 지역개성을 가진 행정기술 · 행정 디자인의 신개발이 불가결하다. 여기에서 당연히 각 자치체의 경영책임도 가중된다. 보조금 획득을 위한 개별 시책이 아니라 각 자치체의 독자책임에 의한 재무관리, 특히 인건비를 포함하는 원가계산 · 사업채산의 공개로부터 공사(公社) 등과의 연결결산방식을 포함한 경영책임이 요구된다.

개별 시책이 국가의 법문 내지는 통달 · 보조금에 의존하여 따로따로 집행되는 종적 분할의 '개별 시책주의' 는 시빌 미니멈의 양적 충족을 촉진시키는 데는 효과가 있을지 몰라도 시빌 미니멈의 질적 정비의 단계에 들어서면 파탄이 나게 된다. 그 전형이 골드 플랜 문제이다. 개별 시책주의로는 한계가 있고, 당연한 애기이지만 주택을 포함한 복지 · 보건 · 의료의 패키지 방식을 취해야 함에도 의료는 빠지고 겨우 자치체가 주도해서 만든 '중간과제계획' 으로서 골드플랜의 책정이 이루어졌던 것이다. 그때 후생성의 보조금 등에 의한 규제는 남아 있었지만 기관위임사무가 단체위임사무, 즉 전국 기준이 있는 자치체 과제로 바뀌어 가는 것은 주지의 사실이다. 후생성도 딜레마 내지 분기점에 서 있다. 여기에서도 자치체의 주도성을 기초로 하는 분권화를 유발해야 한다고 할 수 있다.

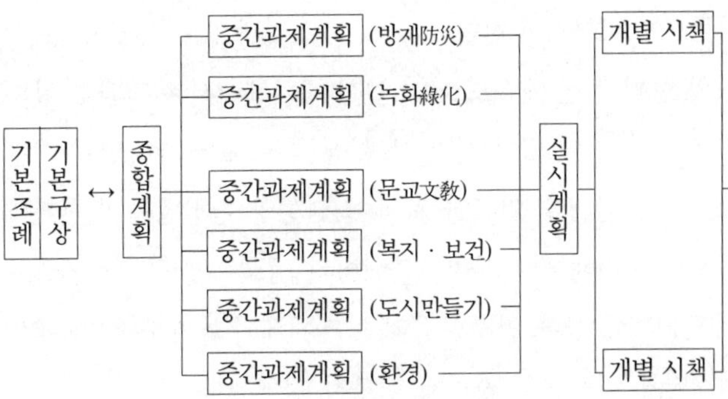

[그림 9] 자치체 계획의 구조논리

이러한 정책 내지 계획방식의 변화는 종합계획과 개별 시책과의 사이에 '중간과제계획' 설정이 불가결해졌다는 것을 의미한다. 이 같은 네트워크형의 '중간과제계획' 의 모습은 [그림 9]와 같다. 오늘날의 「지방분권대강법」의 책정을 둘러싼 기관위임사무의 폐지, 개별 보조금 폐지의 제기에는 이러한 개별 시책주의의 소멸이 고려될 필요가 있다. 오늘날의 분권화도 방대한 개별 시책별 개별 검토로서는 불가능하고 또 정체될 것이기 때문에 중간과제영역 전체를 분권화하지 않을 수 없다.

그러므로 자치체에서는 국가 성청의 개별 시책을 넘어서기 위해서 장기 · 종합의 자치체 계획은 물론 네트워크형의 '중간과제형' 의 설정이 요구된다. 자치체는 지역 차원에서 개성 있는 종합정책 주체로서의 정부이기 때문이다. 그때 자치체 직원은 여기서도 서기형(書記型), 노무형(勞務型)으로부터 기획가형, 연출가형으로 바뀌어야 한다.

이와 함께 직원 연수도 이미 앞선 자치체에서 시작되고 있는 것과 같이, 국법에 의한 개별 시책, 즉 통달, 보조금이 달린 기관위임사무의 집행을 의도한 관치, 집권형의 행정법학 중심에서 자치체의 독자과제의 자치 · 분권형의 정책 · 제도개발 중심으로 재편되어야 한다. 연수의 주제는 자치체의 독자과제영역에서 정책개발을 기축으로 자치체 내부의 정책정보 정리 · 공개, 자치체 법무 · 자치체 재무의 확립, 그리고 행정기술, 행정 디자인의 전개로 바뀐다. 1990년의 가나가와현 자치종합연구센터의 출현을 시작으로, 앞선 자치체로부터 시작된 이러한 연수개혁의 흐름은 자치성(自治省) 계열의 자치 대학교, 시정촌 아카데미의 커리큘럼 개정도 요구하고 있다.

위에서 앞선 자치체의 위치와 과제를 언급했지만, 앞선 자치체는 정책 · 제도를 그대로 두고 '신속처리과(課)' 와 같은 친절 자치체, 혹은 선정(善政) 자치체를 의미하는 것은 아니다. 정책 · 제도 내지 행정수법을 그 내부에서 개혁할 수 있는 자치체를 앞선 자치체로 부르고 싶다.

거기에는 시민의 문화 수준과 함께 직원의 자질이 중요하다. 앞에서 언급했듯이 전후 50년 사이에 행정 내부에서 인재를 키우고 자치체 계획에 의한 시책을 축적해 온 자치체와 생각나는 대로 아무렇게나 해 온 자치체 사이에는 행정 수준 · 재무효과에서 커다란 격차가 생긴다.

필자는 오히려 앞선 자치체가 선도해서 자치체간의 행정격차를 늘리는 것이 자치체의 행정 수준을 전체적으로 높이고, 관치 · 집권형의 국가 정책 · 제도를 자치 · 분권형으로 바꾸는 지름길이라고 생각하고 있다. 1960년대 이후, 앞선 자치체가 지금까지 개척해 온 것과 같이 자치체가 변하면 국가도 변한다. 마지막으로 자치체가 그 가능성을 개척해서 시정촌, 현의 각 단위가 개성 있는 자치를 꽃피우기를 기대한다.

IV. 사상 상황(思想狀況)으로서 시민자치

1. 전후 민주주의와 자치

메이지에 시작된 일본의 근대화는 침략, 패전 등의 곡절을 겪으면서, 1960년대 이후 일본 나름의 민주화, 공업화를 이루게 되는데, 이것이 일본에서 도시형 사회의 성립을 초래했다. 2천 년 동안 지속됐던 농촌형 사회가 도시형 사회로 변화되는 근대화의 마지막 드라마는 일본의 전후(戰後)에 이루어졌다.

필자는 일본의 민주정치가 도시형 사회로의 이행, 즉 경제의 공업화, 사회의 도시화, 정치의 시민화라는 형태로 점차 지반을 쌓아 올렸다고 보고 있다.

패전에서 1960년대에 걸쳐 당시 젊은 세대였던 우리 세대가 전후 민주주의의 전략을 모색하고 있었을 때, 정치 쟁점은 「일본국 헌법」에 있었다. 그것은 보편헌법원리로 구성되었음에도 불구하고, 당시부터 오늘에 이르기까지 여전히 점령군에 의한 '강제헌법' 인가 여부의 제정(制定)과정이 끊임없이 문제시되었다. 개헌(改憲)의 쟁점으로 자민당 특히 구(舊)우익은 (1) 천황의 원수화(元首化), (2) 이에(家)의 부활과 의무의 강조, (3) 자위대의 군대화를 들고 있었다.

그러나 1960년대에 들어서면 농촌형 사회와 관료국가라는 전전(戰前) 발상을 원형으로 했던 (1), (2)는 쟁점에서 사라지고 (3)의 헌법 9조 문제로 쟁점의 범위가 좁혀진다. 도시형 사회의 성숙이라는 시대의 변화가 발생했기 때문이다. 1990년대에 들어서면 냉전의 종식에 따라 (3)도 군축을 포함해서 국제연합 PKO의 문제라는 새로운 국면으로 옮겨 간다.

그렇지만 1960년대까지 우리들 대부분이 이해할 수 없었던 것이 '자치' 였다. 전후 민주주의는 메이지 유신 이래의 계몽사상, 자유민권, 다이쇼(大正) 민주주의, 사회주의 운동의 유산을 이어받았다고 하지만 전시중에 비판파에 대한 철저한 탄압 때문에, 패전으로 인한 연합군의 점령이라는 현실에서 출발하고 있다. 그러므로 전후 정치는 전시의 레지스탕스에서 출발할 수가 없었고, 점령군에 대한 구 지배층의 대응 여하가 기초 논점이 되었다. 이 논점이 전후 일본의 기본노선을 만들었으며 전전(戰前)

궁정파(宮廷派)의 계보에 있는 '요시다 시게루(吉田茂) 신화' 가 되었다.

게다가 점령은 간접통치방식이었기 때문에 전전(戰前) 관료조직인 관치(官治) · 집권(集權)이라는 정치체질을 온존시켜 버린다. 천황주권의 '국체' (國體)를 내세우는 메이지 헌법과 달리 '보편헌법원리' 에서 출발하는 「일본국 헌법」의 제정, 이것과 조화를 이루는 이에(家)제도의 폐지, 남녀평등, 농지개혁, 노조해방, 군대, 재벌의 해체 등의 전후 개혁에도 불구하고 여전히 "헌법은 변했지만 관료조직은 변하지 않았다." 「지방자치법」도 겉보기에는 헌법의 국민주권을 내세운 관치 · 집권정치로 재편되었다. 시민 차원의 '자치' 로부터 출발은 상정(想定)되지도 않았던 것이다.

게다가 당시 막 시작된 동서 냉전, 그리고 일본의 중진국형 빈곤을 반영하여 자본주의인가 사회주의인가라는 '정치체제' 의 선택을 둘러싸고 이른바 지식인을 필두로 한 논쟁에서 대부분의 지적(知的) 에너지가 소진되어 간다. 여기에서도 시민을 기점으로 하는 자치는 문제되지 않았던 것이다.

지방자치는 기껏해야 '부엌 직결' , '민주주의의 초등학교' 로 간주될 따름이었다. 여기부터 지방자치는 '여자, 어린아이' 를 위한 것이고, 남자는 천하국가(天下國家)라는 메이지 이래의 국가숭배와 밀접한 관계를 가졌던 관치 · 집권 발상이 계속됐던 것이다.

이로 인해 전후에도 예전의 구 보수, 구 혁신 쌍방을 포함해서 정당 또는 사회과학의 사고방식은 광범위하게 국가 개념을 중심으로 구성되었다. 당시 상정되었던 자본주의 · 사회주의 체제선택의 문제도 국가 관념을 중심으로 하는 계급투쟁으로서 논의되었던 것이다. 거기에서는 시민 그리고 자치체에서 출발하는 정치를 관치 · 집권형에서 자치 · 분권형으로 전환하는 문제설정은 존재하지 않았다. 즉, 옛날부터의 관청 숭배를 계승하는 국가 개념이 확대되고 있었던 것이다. 거리를 걷다 보면 곧 바로 부딪치는 문제이지만 전신주의 철거, 간판규제는 물론 나무 가지를 잘라 다듬는 것, 도로의 울타리 디자인, 쓰레기통의 배열, 포스터의 부착에 이르기까지 '일상' 을 쟁점화해서 정치화시키는 것은 생각하지도 못했다.

특히, 호헌(護憲)이라는 형태로 전후 민주주의의 옹호자라고 스스로 자임하는 구 혁신계의 정당은 이원(二元) · 대립형의 계급투쟁이론에 집착하고 있었기 때문에 호헌도 계급투쟁의 전술에 머물렀고, (1) 농촌형 사회에서 도시형 사회로의 대전환, 이것에 수반하는 (2) 시민활동, 자치체 개혁이라는 1960년대 이후 일본의 정치를 변화시켜 가는 기본적인 흐름을 내다보지 못했던 것이다. 그로 인해 이러한 기본적인 흐름에 대응할 수 있는 전략도 가지지 못했고 호헌이라는 말을 카리스마화하여 나중에 스스로 쇠퇴의 길을 걷게 된다.

필자는 (1)의 쟁점을 1950년대의 대중사회 논쟁에서 제기하고, (2)를 1960년대의 지역민주주의, 자치체 개혁론에서 제기했지만 전체적인 일본의 정치는 오늘날에도 여전히 (1), (2)의 문제 상황에 대응할 수 없는 것 같다. 그중에서도 국가 차원의 성청(省廳)은 오늘날에도 절대 · 무오류 내지 폐쇄형의 국가 관념에 사로잡혀 있기 때문에 일찍이 호시절이었던 고도성장 시대의 종언, 혹은 정책 기준의 국제평준화라는 새로운 단계에 대응하지 못하고 있다.

그렇다면 일본 정치의 전망을 어디에서 찾아낼 것인지를 새롭게 생각해 볼 필요가 있다.

2. 전후 헌법이론의 문제성

우선 '자치'란 무엇인가라는 질문에서 출발하려고 한다. 필자는 이 질문에 대한 해답을 '자치사상(自治思想) + 시민훈련(市民訓練)=시민문화'라는 맥락에서 파악하고자 한다. 일본 근대화의 출발이었던 메이지에서 시작되어 전후에도 이어졌던 헌법학의 '국가통치'라는 말이 나타내는 것처럼, 우리들의 정치 사고방식에는 전제(專制)의 역사를 계승한 일본형 국가 개념이 지속되고 있다. 전후 개혁도 점령군 및 일본의 국가 관료에 의한 위로부터의 개혁이었기 때문에 국가통치라는 개념은 계속해서 이어진다.

「일본국 헌법」은 국민주권을 '원리' 로 하고 있지만 그 운용의 정치 이미지는 예전의 구 보수계, 구 혁신계의 정치가, 이론가와 함께 전전(戰前)으로부터의 '국가통치' 를 중심으로 하고 있었다. 우리 일본의 시민은 '시민자치' 라는 정치적 사고방식을 1960년대까지 경험하지 못했던 것이다.

자민당 일당지배체제가 끝날 때까지 계속되어 온 전후의 구 보수계, 구 혁신계가 전전부터 공유하고 있던 국가통치의 대극에 있는 시민자치로부터의 출발이야말로 민주주의의 핵심이다. 메이지 헌법이 제도화했던 국가통치와 대결하는 시민자치로부터의 출발이 헌법운용의 기본원리로서 필수적이었음에도 불구하고, 구 보수계, 구 혁신계 모두 이에 대한 문제의식조차 갖고 있지 않았다. 이로 인해 '민주주의' 도 점령체제, 그리고 자민당 장기정권의 체제 이데올로기, 또는 계급투쟁을 지향하는 반대 이데올로기가 되어 공동화(空洞化), 형해화(形骸化)되었다. 여기에 이른바 '전후 민주주의' 의 기본 논점이 있다. 이 논점은 전후사를 둘러싸고 오늘날에도 반복해서 문제가 되고 있다.

그러나 1960년대 도시형 사회로 이행을 경험하고 시민활동의 분출, 혁신 자치체가 등장하면서 겨우 시민자치라는 사고방식이 형성되기 시작한다. 이렇게 해서 '시민 참가' 가 시대의 상징어가 되었다. 이렇게 시민자치형의 시민활동 혹은 자치체 개혁이라는 관점이 일단 성립되자, 지금까지 대립하고 있다고 간주되었던 보수, 혁신의 정당, 이론은 국가통치형이라는 의미에서는 똑같은 형태였다는 사실이 드러나게 되었다. 1960년대 이후 일본에서 이른바 '무당파'(無黨派) 시민층의 성립도 여기에서 그 배경을 찾을 수 있다.

정치발상으로서 '국가통치' 대 '시민자치'의 긴장은 계속해서 '공'(公)과 '사'(私)의 관계와 관련이 있다. 일본에서는 지금까지 '공'=국가=관료, '사'=개인=서민이라는 공식이 성립하고, 여기서 '공'은 어디까지나 국가 또는 관료라는 관청이었다. 혁신계가 가진 혁명의 이미지도 자본주의 관청(국가)에서 사회주의 관청(국가)으로 360도 생각을 전환한 것뿐이다.

필자가 시민자치라는 형태로 제기하는 것은 국가에 의한 종적인 통치가 되는 관청형의 문맥과 달리 '사'가 횡적으로 연대, 공생하여 '公'을 만든다는 공화형(共和型)의 문맥이다. 시민 상호의 자치, 즉 자조, 공조에 의한 공화형의 정치를 만든다는 사고방식이 바로 이것이다. 시민자치라는 발상이 여기에서 출발하는 것이다.

시민자치에 의한 공화(res publica=republic, commonwealth)라는 '공'이 성립될 때, 정부는 관청이 아니라, 시민연합의 도구에 지나지 않게 된다. 정부는 시민이라는 '공'의 수단이 되는 것이다. 이 시민사회가 근대 유럽에 성립된 '시민사회'였다. 유럽 선진국에서 사회주의의 사상은 마르크스를 포함하여 이러한 시민사회의 관념을 계승하는 '시민' 사회주의를 의미하고 있었다. '국가' 사회주의는 아니었던 것이다.

사회주의가 '시민' 사회주의로부터 변질되어 '국가' 사회주의가 되었던 것은 유럽의 후진국 독일, 특히 러시아 혁명 이후 후진국 혁명의 결과에서 나타난 것이다. 영국 등 선진국에서는 국가란 시민에 신탁된 기구, 즉 시민사회의 도구로서의 정부에 지나지 않았다. 또한 국가, 즉 정부와 시민의 횡적인 연합으로서의 시민사회는 구별되었다. 선진국에서 사회주의는 '국가' 사회주의가 아니라 '시민' 사회주의였던 것이다.

일본은 후진국이었기 때문에 메이지 초기의 계몽사상, 자유민권 등 미국, 영국, 프랑스의 선진국 사상을 내걸었음에도 불구하고, 메이지 헌법의 제정을 둘러싸고 후진국 독일의 국가 개념을 도입했고, 그 이후 근대화를 책임진다고 여겨진 관료기구를 주체로 하는 '국가' 숭배가 진행되어 시민이나 사회의 자립성을 이해할 수 없게 된 것이다. 후진국 일본이라는 맥락에서는 후진국 독일과 마찬가지로 '무라'(村) 공동체가 제대로 분해되지 않았고 이것이 절대 · 무오류의 관료국가에 투영되어 국가공동체라는 공동 환상(共同幻想)을 필요로 하고 있었다.

이런 국가 개념은 제각기 표현은 다르더라도 오늘날의 후진국에도 공통적인 현상이기 때문에 결코 '일본에만 특수한'(特殊日本), '일본에만 특이한'(特異) 것은 아니다. 후진국에서는 관료 주도의 근대화를 목표로 하기 때문에 시민이 횡적으로 연결되는 공화형 사회보다는 시민을 종적으로 통치하는 관청[御上]형 국가가 후진국에서는 관료 주도의 근대화를 지향하기 위해 광범위하게 강조된다.

일본에서도 국가 개념은 '公'으로서의 국가가 국가공동체로서 개인을 완전히 에워싸고 있다. 특히 시민은 국가의 주체가 아니라 '요소'에 지나지 않는다고 하는 국가법인론(國家法人論)은 공동 환상으로서 국가 개념의 의인화의 전형이었다. 요컨대 전통 공동체의 미분해 내지 국가공동체에 대한 환상이 국가 개념에 반영되고 있는 것이다. 시민이 주권 주체가 아니라 관료가 통치하는 국가 요소에 지나지 않는다면 주권시민의 수단 내지 도구로서의 정부라는 사고방식은 나오지 않는다. 그때 국가란 절대·무오류의 주권국가였던 것이다.

이러한 국가 개념의 계보에 서 있는 전후의 헌법학은 구 보수계, 구 혁신계를 불문하고, 「일본국 헌법」을 '국가통치'의 기본법으로 정의해 왔다. 게다가 오늘날에도 헌법학 교과서는 정부를 '통치기구'라고 부르고 있다. 누가 누구를 통치하는 것인가? 게다가 일본의 헌법학에서는 거의 논의되고 있지 않지만 지방자치를 논의할 때도 주지하듯이 기껏해야 국가주권 내지 국가통치를 전제로 해서 '주민자치, 단체자치'를 어떻게 제도로 보장할 것인가라는 도식적인 설정에 그친다.

헌법은 시민의 자조, 공조, 즉 스스로 자치, 공화를 목표로 해서 정부를 만들기 위한 시민간 규칙이라는 국가 차원의 기본법이다. 헌법은 국가통치의 기본법이 아니라 시민자치의 기본법이다. 졸저 『시민자치의 헌법원리』(岩波書店, 1975년)에서 말한 바

있지만, 개별 조문 해석에 수반되는 인권, 평화의 강조에도 불구하고 전후의 헌법학은 이론구조 전체로서는 메이지 헌법 단계의 사고방식을 이어받았던 것이다.

3. 관청[御上] 숭배의 정치문화

메이지에 성립된 국가 개념에 의해 재편된 관청 숭배라는 일본의 정치문화에 입각했을 때, 우리 시민은 일상 문제의 해결에 어떠한 사고방식을 가지고 있었던 것일까? 이것 또한 관청에 의한 해결이라는 사고방식이었다.

텔레비전에 나오는 미토 고몬(水戶黃門)과 같은 훌륭한 군주 이야기[名君物語]가 바로 이것이다. 여기에는 아메리카 서부극과 분명한 차이가 있다. 미국 근대사에는 백인에 의한 원주민 축출, 노예제도의 역사가 있었지만 이것을 제외하면 명군이 없는 서부의 황야나 거리에서는 스스로 시행착오에 의해 문제를 해결하는 자치를 하지 않을 수 없었다. J. S. 밀이 미국인은 언제 어디서에서나 '정부'를 만든다는 것은 이러한 의미였던 것이다.

그러나 일본의 시민은 관청에 호소하려 할 뿐, 자신들이 해결하려고 하지 않는다. 또한 해결능력도 가지고 있지 않다. 수다떨기나 현세의 쾌락을 좋아하고 또는 미의식(美意識)에 대해 날카로운 문인(文人)이 있다고 하더라도 문제해결에 대한 훈련이

제대로 되어 있지 않은 정치적으로 미숙한 '서민'이 거기에 있을 뿐이다. 바로 그때 우연히 미토 고몬이 등장한다. 고몬(黃門)이 관료에게 "좋도록 조치하라"고 명령하면 문제가 순식간에 해결되어 버린다. 관청에 의한 해결이 이것이다.

텔레비전의 재판 프로그램도 일본에서는 관청에 의한 공정한 재판(大岡裁, 에도 시대의 名奉行 大岡越前의 재판, 공정하면서 인간적인 재판을 의미함—역자주)이 주류를 이루고 있다. 피고도 당당하게 발언하는 게임의 논리에서 토론이 성립되지 않는다. 관청에 의한 공정한 재판(大岡裁)에서는 좋은 일을 한 사람이건 나쁜 일을 한 사람이건 넙죽 엎드려 관리에게 굽실굽실거리면서 머리를 숙인다. 또한 관리의 동정으로써 시혜적인 해결까지 이루어진다.

최근에는 점차 퇴색되었지만 일본인들은 관청에 의한 해결로 해피엔딩이 되는 것을 미리 알고 있었기 때문에 안심하고 즐겼던 것이다. 관청 숭배를 대중오락이라는 형태로 끊임없이 재생해 제도화해 왔던 것이다. 관청 숭배 내지 '국가통치'형 발상이 얼마나 뿌리 깊은지를 이해했을 것이다.

그렇지만 1960년대부터 일본이 도시형 사회에 들어서고 복지, 도시, 환경 문제의 분출에 동반되는 왕성한 시민활동으로 혁신 자치체가 요코하마(横浜), 고베(神戸) 등의 정령시(政令市)를 비롯하여 시(市)의 1/3에 해당하는 130개 시, 현(縣)에서는 도쿄(東京), 오사카(大阪)를 비롯하여 대도시 현으로 확대되어 갔다.

시정촌, 현 즉 자치체에서는 수장제(首長制, 대통령제)를 취하고 있기 때문에 비판표, 부동표를 결집하여, 호민관(護民官) 데모크라시로서 혁신 자치체가 성립했던 것이다. 당시 이른바 혁신 정당은 후보자 조정에 참여하고 있었지만 자치체 정책을 가지고 있지 않았기 때문에 혁신 자치체 운영에 힘겨워하고 있었던 것이 실상이었다.

그렇지만 시민활동이 시작된 지 얼마 되지 않아서 자치체는 전체적으로 여전히 미숙했기 때문에 이 혁신 단체장도 혁신적인 훌륭한 군주(名君) 내지 혁신적 관청에 지나지 않았던 것은 아닌지에 대한 논쟁이 상당히 남아 있다. 필자는 혁신 단체장에 대해서 당시 '흙탕물 속의 두루미' 라고 자리매김을 했다. 이 '흙탕물' [泥田]이라는 일본의 정치문화구조가 바로 문제였다.

자치사상의 형성, 그리고 자치개혁의 전략 혹은 도시정책 수법의 전개는 일본사가 시작된 이래 처음으로 겪는 것이었기 때문에 미숙했다. 무엇보다도 당시 이러한 문제영역은 미개발된 것이었다. 이로 인해 혁신 단체장을 선출했지만 무라(村)형 네트워크로 이루어진 지역사회, 그리고 국가통치형의 이론, 정책, 방법에 얽매여 있는 자치체 직원기구를 어떻게 개혁할 것인가가 과제가 되었다. 이것이 혁신 단체장이 '흙탕물 속의 두루미' 가 된 이유이다. 메이지 이래의 계몽사상, 자유민권, 다이쇼(大正) 민주주의, 사회주의 운동, 그리고 전후 개혁에서도 볼 수 없었던 영역이 그곳에 있었던 것이다.

당시 혁신 정당의 모습은 사회당, 공산당 각각에, 그 모델은 한편으로 19세기 카우츠키 이론, 다른 한편으로 레닌의 이론을 가지고 있었지만 양쪽 모두 기본적으로 전전(戰前)부터 노동자 계급=노동조합=노동조건이라는 도식을 계속 유지하고 있었다. 도시형 사회에서 자치체 독자의 정치과제, 정책구상, 행정수법에 관한 사고 훈련(思考訓練)도 없었기 때문에 나중에 슬로건에는 '시민 참가에 의한 시민복지'를 겨우 내세웠지만, 결국 혁신정당은 자민당과 똑같이 쟁취형(モノトリ) 활동에 머물렀고 당세 신장을 지향했을 뿐이었다.

또한 자치체의 의의(意義) 그 자체를 이해하지 못했기 때문에 오랫동안 '자치체 투쟁'이라는 말밖에 가지고 있지 않았다. '자치체 개혁'이라는 말은 이러한 '자치체 투쟁'에 대항해서 1960년에 등장하게 된다. 시민자치형의 자치체 이론의 모색이 그곳에서 겨우 시작된 것에 불과하다.

그렇기 때문에 혁신 자치체의 단계에서는 자치체 직원도 여전히 국가통치형의 기존이론에 대부분 머물러 있었다. 물론 자치노(自治勞)는 1960년 전후부터 '자치연집회'(自治硏集會)를 시작했다. 도시형 사회로의 이행에 따르는 자치체의 위기감에서 비롯되었지만 이것은 여전히 '계급투쟁' 내지 '직장투쟁'만을 목표로 하고 있었다.

이러한 문제 상황 가운데에서 시민자치형의 독자적인 과제를 수행하는 자치체 이론이 1960년대 혁신 자치체에 근거하여 겨우 출발했던 것이다. 혁신 자치체는 '시빌 미니멈' 을 강령으로 내세워 정책, 제도 개발에서 성과를 보이고 도시형 사회의 정책, 제도 원형을 만들어 간다. 그렇지만 1980년대에 시빌 미니멈의 '양적 충족' 의 전망이 서고 나서 혁신 자치체는 그 역할을 끝낸다(『자료 혁신자치체』, 日本評論社, 1990년). 혁신 자치체는 그 주요 기반이 비판표, 부동표의 호민관 데모크라시였기 때문에 혁신 자치체는 끝날 때도 썰물처럼 빨랐던 것이다. 혁신 자치체의 성과는 오늘날 시빌 미니멈의 '질적 정비' 를 둘러싸고 앞선 자치체에 계승된다.

생각해 보면 관료조직으로서 메이지 국가도 근세 일본이 만들었던 번(藩)이나 막부(幕府)의 관료조직을 유럽 근대 모델인 state(국가)로 재편했던 셈이다. 그 기저를 이루는 정내회(町內會), 부락회(部落會)도 전시체제에서 제도화가 진행됐지만 수천 년 역사를 가진 농촌형 사회의 무라(村) 지배를 계승한 것이다. 무라(村)+관료조직을 골격으로 했던 관청 숭배의 정치는 이른바 지금까지 일본 역사 그 자체였기 때문에 도시형 사회에 들어서 시민활동이 성립되어도 좀처럼 극복할 수 없었다. '자치' 의 사상과 시민 훈련의 성숙에는 여전히 많은 시간이 필요한 것이다.

4. 시민자치로의 발상과 방법

그렇다면 '자치'를 어떠한 형태로 생각하면 좋을까? 유감스럽게도 또다시 자치의 의의를 묻지 않을 수 없는 것은 바로 그곳에 일본의 문화, 사상의 핵심이 있기 때문이다.

후쿠자와 유키치(福澤諭吉)는 일본에 없는 것은 유형(有形)의 수리의 학(數理の學=工業化)과 무형(無形)의 독립심(=민주화)이라고 말했지만 유럽에서는 시민혁명, 미국에서는 독립혁명, 더 나아가 그리스 · 로마의 고대공화도시, 혹은 유럽의 중세자유도시에서는 끊임없이 자치의 형태가 보인다. 일본의 역사는 도교, 불교, 유교를 포함해서 동양 전제(東洋專制)의 가운데에 있으며, 겨우 희미하게 惣村, 惣町(중세 이후에 출현한 자치적 촌락—역자주) 특히 사카이(堺), 하카타(博多) 등에서 자치를 발견할 뿐이다. 그렇지만 '추억'으로서의 전통에 호소할 수는 없다. 추억에 비하면 훨씬 약한 미래를 향한 자치의 '구상'(構想)에 호소해야 한다.

한여름에 가족 네 명이 바다나 산에 간다고 가정해 보자. 한 번에 5만 엔이 든다면(1980년대 전반의 물가), 두 번 가면 10만 엔이 든다. 두 번 갈 것을 한 번으로 해서 5만 엔을 자치체에서 모으면 지역에 많은 수영장을 만들고, 매일 개방할 수 있다. 아이들은 매일 수영장에 들어갈 수 있고, 어른도 야간, 휴일를 포함해서 당연히 즐길 수 있다. 말하자면 '사적' 소득(flow)의 일부를 공공적(公共的), 계획적으로 쌓아 올리면 이른바 '공적'인 축적(stock)을 할 수 있다. 요컨대 자원의 집중효과가 생기는 것이다.

물론 이것은 결코 증세(增稅)를 장려하는 것은 아니다. 그러나 본래 세금은 이러한 '자치 · 공화'(共和)라는 의의와 과제를 가지고 있다. 지배층에 의한 '통치 · 착취'는 '자치 · 공화'의 도착(倒錯), 즉 역전에 다름 아니다. '자치'란 공화, 즉 커먼 웰스(common wealth)라는 문자 그대로 우리 시민이 부(富) 내지 가치를 가지고서 자조(自助), 공조(共助)의 긴장 속에서 '공'(公)을 만든다는 의미이다. 우리 시민이 '공'이고, 정부는 '공'인 시민에 의해 선출, 신탁된 기구에 지나지 않는다. 부의 집약, 분배의 절차, 계획이 기본법에 입각하는 의회에 의해 결정되고 이를 단체장이 집행, 실현하는 것이다.

우리 스스로가 사회와 정부를 만드는 자치, 즉 공화라는 사고방식이 자라지 않는 곳에서는 세금은 관청에게 빼앗길 뿐이고, 그 관청의 돈은 지방에서 억지로 빼앗는 것이 된다. 이것이 국가 차원에서 자치체 차원까지를 포함하는 정관재(政官財) 복합이라는 전후 정치의 현실이었다. 정관재 복합은 국가 차원뿐만 아니라 현(縣), 시정촌(市町村) 차원에도 존재한다.

사회, 혹은 지역을 만든다고 하더라도 관치형이냐 자치형이냐 하는 정치형태가 문제가 된다. 메이지 국가에 의한 관치형 사회 교육행정 내지 오늘날의 생애학습 행정에 대해서는 졸저, 『사회교육의 종언』(筑摩書房, 1986년)에서 비판했고 통치형의 공민관(公民館)으로부터 자치형의 지역센터로의 전환을 논의했지만 여기에서는 소형(小型) 아동관을 생각해 보려고 한다.

이 소형 아동관을 독립회관으로 만드는 것이 정말로 필요할까? 휴일은 다르지만 아이들이 유치원이나 학교 등을 다니고 있기 때문에 아동관은 오후의 몇 시간 정도밖에 사용하지 않게 된다. 도쿄의 구(區) 안에서는 평(坪)당 백만 엔(당시의 시가) 이하의 토지는 없다. 그만큼 막대한 비용을 들여서 오후 몇 시간밖에 사용할 수 없는 아동관을 만들 필요가 있는지를 생각해야만 한다. 또한 왜 아이들을 건물 안에서 놀게 하고 어른 직원의 관리 하에 두지 않으면 안 될까? 이러한 의미에서 아동관보다는 아이들을 포함해서 누구나가 사용할 수 있고 방재공간으로서도 사용할 수 있는 '공터'를 만드는 것이 더 바람직하지 않을까?

만약 소형 시설이 필요하더라도 고령자나 부인은 오전, 성인이나 청년은 야간에 다목적으로 사용할 수 있는 지역센터를 많이 설치하는 것이 좋다고 생각한다. 오후에는 아동 중심으로 사용하면 되는 것이다. 문부성 종적 분할의 공민관(公民館)을 시작으로 각 성청(省廳) 종적 분할의 소형 시설도 당연히 지역센터로 바꾸어야 한다고 생각한다. 대도시 혹은 중도시(中都市) 이하인 시정촌(市町村)의 광역 차원, 또는 군(郡) 수준에서 시작하여 전문적으로 특화된 대형 아동시설을 두면 된다. 여기에서는 전문적인 대형 아동과학관 건립 등을 생각해야 한다.

또한 아동관에는 후생성(厚生省) 기준에서 전일제 직원을 두

기로 되어 있지만 직원 1인당 평균 연간 500만 엔(1990년대는 800만 엔 전후)이 들기 때문에 도쿄도 기준(당시)처럼 네 명을 두면 500만 엔×4로 해서 연간 인건비로만 2,000만 엔이 든다. 10개의 건물을 만들면 연간 2억 엔의 비용이 든다. 10년이면 20억 엔이 든다.

지역에는 아이들을 좋아하고 특수기능을 가진 사람도 많이 있다. 60세 정년(停年)퇴직을 하신 분들도 건강하다. 퇴직한 선생님, 자치체 직원도 있다. 또한 중도시(中都市) 이상이라면 대학의 자원봉사자 서클도 있다. 소형 아동관의 운영, 관리라면 현재의 일본 시민 수준에서 시민운영, 시민관리, 즉 시민자치방식으로 충분하다. 낭비되는 인건비에 아동관 건설비를 더하면 많은 녹지가 늘고 녹색이 풍부해져서 재난방지형의 지역 만들기를 할 수 있지 않을까?

이러한 점에서 볼 때 국가에서 자치체에 이르는 성청(省廳) 종적 분할의 기성 정책을 시민자치의 관점에서 재검토하고 각각의 자치체가 개성을 가진 자치체 계획을 만들고 아동관 등의 시민시설을 다시 논의해야 한다는 것을 이해하리라 믿는다. 물론 그 자치체가 시민 참가, 직원 참가로 논의한 결과 아동관을 필요로 한다고 인정하면 그것으로 괜찮겠지만 시민의 요망이 있다고 해서 직접 이것을 아동관의 보조금에 연결해서 만드는 것만으로는 단순한 종적 분할 행정이 아닐까?

행정이란 종적 분할 성청이 이미 존재하는 국법을 집행하는 것은 아니다. 시정촌, 이것을 보완하는 현(縣)의 차원에서 시빌 미니멈을 공적 기준으로 하여 장기, 종합적인 자치체 계획을 공개, 참가의 절차로 책정하고 실현하는 것이 자치체의 과제이다. 그때 국법은 내셔널 미니멈으로서 전국 기준을 제시할 뿐이다. 요컨대 시민자치에 의한 지역 만들기, 도시설계라는 사고방식은 시민들 사이에서 성숙되는 것이 기본이다.

지금까지 시민생활에서 자치 또는 공화라는 시민 경험 내지 사고방식이 자라기 힘든 정치가 계속되었다. 전전에는 국가를 중심으로 하는 부국강병(富國强兵), 전후에도 국가의 과제는 경제성장이었을 뿐, 시민생활의 과제해결은 뒷전으로 밀려났다. 그러나 점차 도시형 사회로의 이행을 배경으로 1960년대, 70년대의 혁신 자치체 이후 시빌 미니멈을 정책의 공적 기준으로 삼아 자치체가 직접 생활과제의 정책해결을 지향하고 국가에 대해서 선도성을 발휘할 수 있게 되었다.

메이지 이래 시민생활의 문제영역에 대한 논의는 1960, 1970대까지 어쩔 수 없이 뒤처지게 되었다. 또한 일본의 대학에서 가르쳐 왔던 사회과학도 예전의 구 보수계, 구 혁신계를 불문하고 국가통치를 내세우는 천하국가형(天下國家型)의 발상에 머무르고 있었고 시민자치에 의한 생활 정비형의 발상(發想)은 뒤처져 왔다. 시빌 미니멈이라는 사고방식을 제기했던 것은 그것 때문이었다.

1960년대까지 경제학을 보더라도 근대 경제학, 마르크스 경제학 모두를 불문하고, 중심적 문제영역을 자본 대 노동이라는 소득(flow) 중심의 도식으로 생각하고 있었고, [그림 3]과 같은 자산(stock) 중심의 I. 사회보장, II. 사회자본, III. 사회보건에서 시빌 미니멈의 공공정비(公共整備)라는 문제영역을 다루는 이론 구성을 갖고 있지 않았다. 요컨대 농촌형 사회를 모델로 했던 소득 중심의 이론에서는 시빌 미니멈의 공공정비라는 자산이 필요해지는 도시형 사회에 적합한 이론을 가지고 있지 않았던 것이다.

도시형 사회의 생활구조에서 불가결한 자산인 시빌 미니멈으로서의 I. 사회보장, II. 사회자본, III. 사회보건의 공공정비는 지역에서 공공 공간(公共空間) 시스템으로서 구체화되고 또한 지역의 특성을 살릴 필요가 있다. 이 때문에 근대화의 과도기적 추진력이었던 국가 주도의 관치 · 집권정치를 시민활동을 기반으로 하는 자치체 주도의 자치, 분권정치에 새롭게 편성하는 사고방식이 요구된다.

이로 인해 메이지 이래 '국가통치' 를 중심으로 구성됐던 정치학, 법학을 비롯하여 사회과학 전체를 '시민자치' 를 기점으로 다시 구성하는 것이 시대의 과제로 떠올랐던 것이다. 졸저『도시형 사회의 자치』(일본평론사, 1987년)에 실린 논문의 주제가 이것이었다. 도시형 사회가 성립되면 근대화로의 과도 단계에서 이른바 권력, 자원, 정보를 집중하기 위한 국가통치의 이론은 끝나게 된다.

5. 도시형 사회에서의 정책과제

도시형 사회는 농촌형 사회와 달리 플로우(flow)로서의 소득 수준만 올라가면 생활이 좋아지는 시대가 아니다. 플로우, 즉 임금만 올라가면 좋다는 것은 오히려 농촌형 사회의 사고방식이다. 사실 농촌형 사회 단계에서 화폐유통이 지역까지 내려오는 무로마치(室町) 시대 전후에 생긴 옛날 이야기는 주인공이 부자가 되는 해피엔딩으로 이야기가 끝났다. 말하자면 '복'(福) 내지 부자의 사상(思想)이다. 이 플로우 중심의 사고방식은 그 이후에도 계속되었고 메이지 이후에도 '니노미야 긴지로'(二宮金次郎, 어릴 때 가난했지만 커서 성공한 사람—역자주)라는 이상적인 인간상이 만들어지면서 전후(戰後)에는 노동조합의 임금인상, 농협의 쌀값 인상으로 계속해서 나타났다.

도시형 사회에서는 공업화가 확대되고 있었기 때문에 소득 수준, 요컨대 플로우는 오르고 있었지만 플로우의 상승과 반비례하여 새로운 문제가 생긴다. 자동차가 늘어나면서 교통사고 또는 대기오염, 또한 진동(震動), 소음이라는 공해가 증가하고 아이들이 놀고 있던 좁은 골목도 자동차에 빼앗긴다. 전기세탁기나 수세식 화장실의 보급으로 물의 수요가 증가하여 댐을 만들고 쓰레기의 최종처리에는 재활용(recycle)에서 소각, 매립까지가 필수적이기 때문에 막대한 비용이 들 뿐만 아니라 환경파괴도 가속화된다. 대도시권은 여기서 정체 상태에 빠지게 된다. 플로우, 즉 소득이 올라가면 생활이 좋아진다고 하는 것은 농촌형 사회의 사고방식이었던 것이다.

이렇게 보면 1960, 70년대까지의 전후사를 특징지어 왔던 노동조합의 임금인상 중심, 농협에서 벌인 쌀값 중심의 운동은 전전(戰前)에는 축적에 대한 강한 필요 때문에 또한 전후(戰後)에는 전쟁의 결과로 생활 수준이 낮아졌기 때문에 어쩔 수가 없었다고 말할 수 있겠지만 농촌형 사회의 발상에 의한 압력활동이었던 것이 분명하다. 물론 저소득층의 소득상승 내지 최저보장은 불가피하다고 생각한다. 그렇지만 도시형 사회에서는 소득상승만으로는 오히려 앞에서 말했던 시민생활의 구조모순이 생긴다.

도시형 사회에서는 플로우로서 소득을 위한 '노동권' 만이 아니라 스톡(자산)으로서의 I. 사회보장(생존권). II. 사회자본(共用權) III. 사회보건(환경권)에 관한 시빌 미니멈, 즉 시민생활 기준의 공공보장(公共保障), 게다가 공간 시스템화가 '생활권' 으로서 불가결하다. 헌법 25조에서 말하는 "모든 국민은 건강하고 문화적인 최저한도의 생활을 영위할 권리를 지닌다"가 이것이다. 도시형 사회의 독자적 과제로서는 [그림 3]과 같이 시빌 미니멈의 공공정비(公共整備)가 정책의 중심과제가 된다.

과거에는 도시형 사회의 구조적 모순에 관한 문제는 사회주의 혁명에 의하지 않으면 해결할 수 없다는 논의가 종종 제기됐다. 또한 제가 시빌 미니멈을 제기할 무렵, 사회보장은 노동자계급의 계급의식을 희석시키는 노동자계급에 대한 매수(買收)라는 논의도 횡행하고 있었다. 이러한 당시의 마르크스, 레닌, 모택동을 내세우는 논의는 농촌형 사회를 모델로 하고 있었던 것이다.

그렇지만 도시형 사회로 진입한 오늘날, 시빌 미니멈에 의한 시민 '생활권'의 공공보장이라는 형태로 정책, 제도에 의한 해결이 가능하다는 것이 분명해졌다. 게다가 시정촌이라는 기초자치체에 시작되는 시빌 미니멈의 공공보장이 현(縣)이라는 광역 자치체에 의해서 보완되고, 나아가 국가의 정책, 제도를 변화시킬 수 있다는 사실도 분명해졌다.

1960년대까지 일본의 정책적 특징은 농촌형 사회의 발상이 계속되어서 위에서 본 도시형 사회의 구조적 모순을 시민은 물론, 자치체, 국가도 이해할 수 없었다는 것만은 아니다. 시빌 미니멈의 문제영역은 역으로 노령연금, 건강보험, 사택(私宅), 관사(官舍), 레크리에이션 시설처럼 대기업의 정규 직원 또는 국가, 자치체 공무원 중심의 '기업복지'로 변형되었던 것에 대해 다시 문제를 제기할 필요가 있다. 생활조건의 정비는 공무원을 포함해서 상층 샐러리맨의 기업복지로 나타났고, 이를 '기업조합'이 지지하여 이른바 일본형 회사주의를 만들었는데, 그 파탄(破綻)이 문제가 되면서 오늘날까지 이어지고 있다.

(1) 이로 인해 모든 시민에게 지역특성에 입각해 평등한 권리로서 보장해야 하는 시빌 미니멈 혹은 생활권이라는 사고방식

은 일본에서 성장할 수 없었던 것이다. 그 결과 시민자치 내지 시민공화라는 사상 자체가 시민이 상층(대기업, 공무원), 하층(중소기업, 농민)이라는 이중구조로 횡적으로 분단되고 그와 동시에 상층도 종적으로 기업복지의 보호막 속에 안주하여 시빌 미니멈의 정책, 제도화에 늦어졌던 것이다.

(2) 특히 공해 문제 해결에 대해서 1960년대, 70년대 시민활동과 노동조합이 심하게 대립했다. 시민에게 불가결한 보편과제인 공해방지를 위한 투자는 개별 기업을 경영위기에 몰아넣고 게다가 노동조합의 임금인상 자원을 없앤다고 판단되었기 때문이다. 그 결과 1960년대 전후, '옛날에는 육군, 지금은 총평(總評)' 이라고 불리고 위세당당했던 공무원, 대기업 중심의 노동조합 전국센터 '총평'(總評)도 힘을 잃고 추락한 것이다. 일본의 기업조합형 노동조합은 광범위한 시민으로부터 지지를 상실했던 것이다.

이제까지 말한 '시민' 을 둘러싼 두 가지 점에서 전전, 전후에도 지속됐던 노동자 '계급' 을 실체화하는 이론은 점차 그 영향력을 상실해 갔다. 1980년대가 되자 여기에 새로운 논점이 추가된다.

가) 공업화에 수반되는 고용확대로 평균소득이 선진국 수준에 접근해 가고 또 그것을 넘어서게 되었을 뿐만 아니라 계급간 격차도 평준화되어 표면상으로 두드러지지 않게 된다. 확실히 일본의 임금체계는 오늘날도 여전히 연공 임금이기 때문에 첫 임금은 낮지만 40세 정도가 되면 임금도 상승하고, 또한 시빌 미

니멈의 양적 충족도 이루어져서 어느 정도 '중류의식'을 가질 수 있게 된다.

이것은 계층 데모크라시를 전진시켰던 일본의 계층구성의 특성을 잘 나타낸다. 계층 데모크라시에 의한 이른바 '경영자 혁명'이 진행되었기에 그 사람이 지배층인가 아닌가를 알 수 있는 것은 퇴직 후이다. 퇴직 후 연금을 중심으로 살아가는지, 아니면 대기업 중역이나 낙하산 관료가 될 수 있는지가 그 경계선이다. 이상의 형태로 산촌이나 도시 저변에서 절대빈곤이 없어진 것은 아니었지만 이른바 '중류의식'은 확대되어 간다.

나) 새로운 공해가 생겨나고, 지구규모의 온난화, 사막화 혹은 산성비 등 공해는 반영구(半永久)적인 과제이지만 일본의 시빌 미니멈의 수준도 양적 충족의 단계를 끝내고 질적 정비 단계에 들어가고 있다. 주택 문제도 일본형 수준이지만 대도시권으로 좁혀진다. 하수도도 보급률 100퍼센트인 자치체가 증가하고 있다.

그렇다면 일본의 자치체는 [그림 10]의 제II, III단계를 거쳐서 거의 제IV단계에 들어서고 시빌 미니멈의 양적 충족은 점차 완료되고 있다고 본다. 1970년대까지 쟁취형, 즉 시빌 미니멈의 양적 충족을 지향했던 시민활동은 이로 인해 약해진다.

이 (가) (나), 또한 앞의 (1) (2)의 결과, 계급투쟁 내지 혁명이라고 말했던 이원(二元) · 대립형의 정치발상은 기반을 잃어버리고 정책, 제도개혁으로 정치발상의 전환이 시작된다. 이른바 이데올로기의 종언이다.

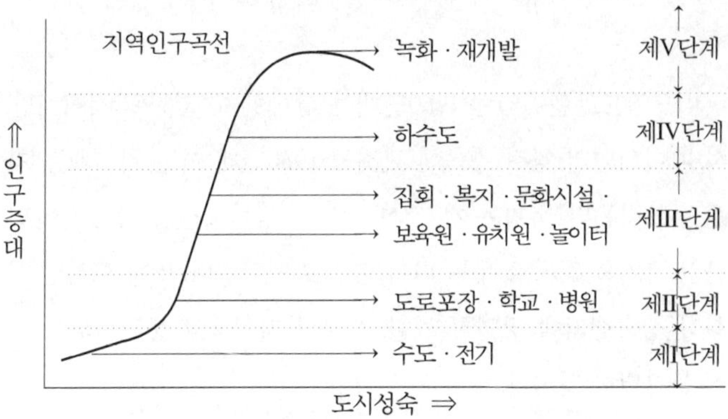

[그림 10] 일본형 도시정비의 전개 단계

게다가 예전의 졸저 『시민자치의 헌법이론』(岩波書店, 1975년)에서 비판했던 관치, 집권정치는 여전히 지속되고 있지만 행정기구도 시민활동에 의해 훈련되어 일정한 규칙이 불가결하다는 사고방식이 점차 총론으로 이해되기 시작되었다. 시민 참가 그리고 정보공개, 행정절차가 구체적인 일정에 오르게 된 것도 바로 이 때문이다. 이데올로기가 아니라 행정, 제도의 개혁 혹은 절차가 문제이다.

또한 시민활동 자체도 한 단계 비약하여 다음에 서술하는 것처럼 시빌 미니멈의 질적 정비, 즉 생활 · 환경의 질 혹은 문화수준을 둘러싸고 지구적(global) 시각에서 새로운 전개를 보인다.

6. 시빌 미니멈(civil minimum)의 질적 정비

비포장도로뿐이었던 1960년대는 상상할 수 없었던 것이지만, 시빌 미니멈의 양적 충족에 관해서 1980년대 이후 자치체는 자신감을 갖는다. 국가는 재정적자이지만 정책재편을 겨냥해서 당분간 국가를 적자로 두는 편이 좋다고 생각한다. 또한 도시형 사회가 성숙했기에 당연히 권한, 재원이 자치체로 분권화되는 것은 불가결한 일이다.

자치체는 1980년대에 들어서서 시빌 미니멈의 양적 충족에서 질적 정비의 단계로 새로운 비약을 시작했다. 행정 수준의 비약을 지향하는 '행정의 문화화'가 이것이다. 질적 정비란 생활 혹은 문화, 환경의 질(質)을 둘러싸고 '녹색'을 전략으로 하는 계획 전개를 의미한다. 이것이 [그림 10]의 제V단계이다.

'녹색'이란 단순히 나무를 심는 것은 아니다. 물론 공원을 중심으로 거리를 아름답게 하는 것이 포함된다. 하지만 동시에 물을 부활시키고 농림어업을 정비하고, 또는 역사문화를 보존하는 것이 여기에 포함된다. 복지, 보건을 포함한 시민생활의 질을 중심으로 하는 수준 높은 지역 만들기가 '녹색'과 재개발이라는 형태로 시민 혹은 자치체의 새로운 전략과제가 된다.

왜 재개발인가? 메이지 이후 전후에도 계속해서 도시계획법을 제대로 갖추지 못했기 때문에 스프롤(sprawl, 도시의 무계획적 팽창—역자주)형으로 이루어진 일본 도시는 재개발 없이는 녹색의 도입에 의한 지역 만들기를 할 수 없기 때문이다. 또한 지진에 의한 재해, 화재에 취약한 위험주택지구도 있다. 일본에서 재개발은 녹색의 도입과 직결된다. 이것이 또한 팽창되면서 확장되었던 일본의 도시에서 분절형(分節型) 혹은 다핵형의 지역 만들기가 되어 방재로 연결된다.

왜 1980년대에 들어서 시민활동 혹은 신문, TV 등이 '녹색'을 주장하게 되었던 것일까? 이것은 도시형 사회로의 이행을 나타내며 또한 시빌 미니멈의 '양' 적 충족으로부터 '질' 적 정비의 단계에 들어섰기 때문이다. 일본의 생활구조 혹은 환경, 문화의 질(質)에 관한 문제제기가 다시 시작되면서 그것이 '녹색' 에 집약되어 나타났기 때문이다.

여기에서도 선견성(先見性)을 가져야 했던 사회당 등의 야당은 아직도 양적 충족 단계의 쟁취형 발상에 머무르고, '녹색' 이라는 질적 정비 단계의 정책, 제도개발 사고에 익숙하지 않다. '녹색'을 파괴해야 왔던 자민당이 일시적으로 생각했는지 1980년대에 들어서면 '꽃과 녹색의 자민당' 을 이야기하기 시작했다. 자민당은 지배 정당의 기회주의(opportunism)에 의해서 정권을 유지해 왔지만, 야당은 과거의 우리들 시민의 문화 수준을 직접 반영하여 1960, 70년대의 쟁취형 단계에 머물러 있는 것이다. 요컨대 [그림 10]의 제II, III단계에 머무른 것이다. 일본 시민의 문화 수준을 직접 반영하는 야당의 시대에 뒤떨어진 대응이 여기에도 있다.

이렇게 보자면 우리들은 자치사상+시민훈련에 의한 자치개혁은커녕 우리들 자신의 생활과제를 해결하는 능력도 갖고 있지 못함을 깨닫게 된다. 경제성장의 결과 시민활동의 조건인 (1) 임금의 상승 (2) 시빌 미니멈의 양적 충족, 그리고 이것을 반영하는 ① 교양과 ② 여가의 확대를 체험했음에도 불구하고 어째서 이러한 사태가 일어난 것일까? 게다가 원래 지역 만들기는 역으로 [그림 10]의 V, IV, III, II, I의 순서로 계획정비가 되어야 함에도 불구하고, 국가 성청의 법제 수준이 저하되거나 혹은 시대에 뒤떨어져 이러한 계획정비를 할 수 없었기 때문에 쟁취형의 I, II, III, IV, V의 순서가 될 수밖에 없었다.

오랜 전제(專制), 특히 메이지 이후는 근대화를 지향했던 국가통치, 즉 내무관료에 의한 경찰정치, 그리고 그 뒤로 널리 퍼져 있던 폭력단 아래에서 우리 시민들은 공공(公共)정치에 대한 참가의 경험, 훈련이 없었기 때문에 말하자면 '귀신은 밖으로, 복은 안으로' 라는 사고방식에 빠져 있었던 것을 되짚어 보아야 한다. 전후에도 이러한 타성이 계속된다. 확실히 헌법제도로서 선거권을 분명히 갖고 있었지만 일상적인 시민 참가, 그리고 정보공개, 행정절차는 최근에야 시작된 것이다.

정치가 관청 통치에 머무를 때, 시민은 가정 내의 행복을 지향하는 '내 가정'(my home) 지상주의 또는 기업 차원의 충성이라는 '우리 회사' 지상주의라는 '사'(私) 안에 틀어박히지 않을 수 없었다. 우리들이 플로우(flow)로서 소득 수준의 상승을 찾아서 '중류의식' 에 안주하고 공공정책에 의한 스톡(stock) 자산을 쌓아 올리는 시빌 미니멈의 공공 정비, 더 나아가 시빌 미니멈의 공간 시스템화로서의 지역 만들기에 몰두할 수 없었던 것도 이 때문이다.

일본인은 꽃을 좋아하고 꽃꽂이는 일본 문화의 상징이라고 얘기되어 왔다. 그러나 이것은 집안을 장식하는 꽃일 뿐 거리에는 꽃이 없다. 일본인이 좋아하는 녹색도 담에 둘러싸인 정원의 녹색만 존재할 뿐 도시에는 녹색이 없다. 일본의 꽃이나 녹색은, 즉 인테리어의 '사문화'(私文化)인 것이다. 일본의 산업이 강하다고 해도 사진기, 전기기구, 자동차, 퍼스널 컴퓨터의 종류로서 모두 집안의 인테리어를 둘러싼 '사문화'(私文化)이다.

그렇지만 옥외장식(exterior), 즉 '공공문화'(公共文化)로서의 지역 만들기를 공공정책으로 추진하지 않았다. 지역 만들기의 기간산업인 건설업은 지금도 공해나 뇌물수수사건을 일으키는 분야라는 평가를 받기 쉽다. 시민공학(civil engineering)이라는 평가는 아직도 갖고 있지 않다.

서양뿐만 아니라 아시아의 다른 국가에서도 시민이 공공정책을 전개할 때 거리에는 녹색이 있다. 도시 전체를 예술품으로 만들고 국토 전체를 공원으로 하려는 정열을 가진 나라도 있다. 거기에서는 '공'(公)은 생태균형을 갖춘 질(質) 높은 형태미가 추구된다. 그렇다면 일본에서 또다시 '복은 집안으로, 바깥에도 복'이라는 공공정책의 전개가 지향되어야 하지 않을까? 시민자치 그리고 시민공화는 여기에서 구체성, 독자성이 있는 형태를 가진다. '경관'(景觀)이 그것이다. 이렇게 시민이 '사'(私)에 집착하고 횡적 연대, 공생(共生)인 '공'(公)을 만들 수 없을 때, '공'(公)은 관청으로서 위로부터 군림할 수밖에 없는 것은 당연하다. 역으로 '사'(私)가 횡적으로 연결되어서 '공'(公)을 만든다면, 관청은 붕괴하고 시민의 도구 내지 수단으로서의 '정부', 즉 신탁기구에 그치게 된다.

도시형 사회에서는 예전의 '국가주권' 이라는 형태를 가진 국가로의 일원(一元)적 통일(統一), 또는 '계급투쟁' 이라는 국가를 둘러싼 이원(二元)적 대립도 끝나고 이러한 '공'(公)도 [그림 4] 처럼 자치체, 국가, 국제기구로 다원(多元), 중층화(重層化)되는 데에 유의해야 한다고 생각한다. '공' 은 시민자치, 시민공화를 둘러싼 시민활동에 의해서 구성되지만 [그림 6]에서 보았던 최적 정치를 지향해서 정부의 수준은 자치체, 국가, 국제기구로 삼분화(三分化)된다.

'공' 은 이제 국가 공간에만 독점되지 않는다. 공공 공간(公共空間)은 지역규모, 국가규모, 지구규모로 중층화되고, 국가는 자치체, 국제기구와 양립하는 국가 수준의 정부에 지나지 않게 된다. 그런 경우 정부의 수준은 '공' 으로서의 시민의 신탁기구(제 V장에서 상술)로서 나타난다. 이때 일본의 시민들은 도시형 사회의 성립을 경험하고서 비로소 '복은 집안으로, 밖에도 복' 의 구조 만들기, 즉 시민자치, 시민공화의 형태를 만드는 시민의 공공정책 구성이 요청되고 있다고 말해도 좋다.

에어컨의 보급으로 필자의 방안은 시원해졌지만, 바깥으로는 방대한 도시열이 방출되는 것은 아닐까? 바깥이 더욱 더워졌기 때문에 에어컨은 점점 필수품이 되어간다. 그로 인해 원자력발전소나 댐도 필요해질 뿐만 아니라 지구규모의 환경파괴라는 악순환이 생긴다. 이것이 '귀신은 밖으로 물러나고, 복은 집안으로' 의 귀결이다. 그렇지만 '복은 집안으로, 밖에도 복' 이 되면 거리에 녹색을 도입해서 도시열을 발산하지 않는 정책, 제도혁신의 노력을 축적하여 자치체, 국가, 국제기구의 정책이 연동되어 간다.

7. 시민문화의 가능성을

종래처럼 관청, 즉 메이지 이후의 절대 · 무오류, 그리고 폐쇄성을 가진 국가 개념에 매달려서 국가 수준에서만 생각하고, 시민 그리고 지역, 자치체에서 출발하지 않고, 지구, 국제기구에 대한 전망을 갖고 있지 않은 태도를 필자는 정치소아병(政治小兒病)으로 규정해야 한다고 본다. 말하자면 관청에 요구, 비판하는 것만으로는 '관리(地頭, 에도 시대 관리로서 세금을 걷는 자, 백성과 대비되는 개념으로 종종 사용—역자주)' 에 대해 '울기만 하는 아이' (泣く子)와 마찬가지로 시민으로서 정치적 미숙함 그 자체이기 때문이다. 우리 시민들이 오늘날 필요로 하는 것은 국가통치로부터 시민자치로 정치발상을 전환할 때 만들어지는 '참가하는' 시민자치 훈련의 축적, 그리고 자치체, 국가, 국제기구라는 정부 삼분화에 대한 전망이다. 특히 시민의 생활조건을 둘러싸고 우선 지역규모의 자치체, 즉 시정촌, 현에서 직접적으로 공공정책을 전개하고 시민 스스로 자치에 익숙해지는 것이 불가결하다. '복은 집안으로, 바깥도 복' 으로의 전환은 이러한 시민자치의 훈련에서 시작된다.

또한 예전의 관청 숭배의 일본에서도 농촌형 사회에서는 무라(村) 자치가 이루어지고 있었던 것을 상기해야 한다고 생각한다. 복지는 효도, 물은 우물이나 강, 의료는 민간요법, 도로는 소달구지 길이었지만 지역은 무라(村) 자치로 운영, 관리되었다. 당시 농촌형 사회의 정치는 전쟁, 재해에 의한 황폐도 있었지만, 치안, 군사, 공납, 징세의 기본적인 정책에 한정되어 가끔 미야코(都, 지방의 인구가 많고 번화한 중심적인 도시—역자주)의 조성 또는 대형 치수(大型治水) 등을 위한 동원이 존재했을 뿐이었다. 하지만 도시형 사회인 오늘날 우리 시민들은 선거권의 확대, 교양과 여가의 증대에도 불구하고 예전의 농촌형 사회보다도 오히려 자치에 대한 익숙함이 퇴보해 가는 것은 아닐까?

도시형 사회에서는 시빌 미니멈을 공적 기준으로 하는 생활조건의 '관리' 를 위해 '행정' 은 필요하고 행정의 조직, 제어를 위해서는 자치체로부터 국가 그리고 국제기구라는 세 가지 차원의 정부를 둘러싼 '정치' 가 필요하다. 시민의 관점에서 보면 관리→행정→정치이고, 정부의 관점에서 보면, 정치→행정→관리로 순환되는 가운데, 세 가지 정부 차원의 정책, 제도를 만드는 것이 긴급한 과제이다.

시정촌, 현, 국가의 관계는 제V장에서 자세히 논의하겠지만 다음과 같다.

시정촌(市町村) = 기초 자치체 ⇒ 기초행정
현(縣) = 광역자치체 ⇒ 보완행정
국가 ⇒ 기준행정(基準行政+경제운영, 국제전략, 직할사업)

여기에 국제기구에 의해 만들어지는, 세계정책 기준의 수립에 기초한 국가 기준의 국제 평준화가 포함된다.

그렇다면 우선 종래의 국가→현(縣)→시정촌(市町村)→시민이라는 사고방식은 시민→시정촌→현→국가로 역전된다. 또한 국제 커뮤니케이션, 국제분업의 발달에 의해서 국제연합 내지 WHO, ILO, 유네스코 등 국가로 구성되어 있는 국제기구도 정부로서 자립하여 국가간의 정책조정을 처리하는 국제 입법에 착수하는 것이 [그림 4]에서 본 오늘날의 정치현실이다.

우리들은 메이지 이후, 전후에도 계속해서 국가 개념에 속박되어 왔다. 이 메이지 국가는 오늘날의 분권화, 국제화의 커다란 물결 속에서 해체, 재편이 필요하다. 국가 개념은 (1) 시민과 정부로 나뉘고 또한 (2) 정부는 자치체, 국가, 국제기구로 삼분화되는 것이다.

8. 시민자치를 시민문화로

이것은 어쩌면 영원히 미완의 과제이지만 시민이 '자치' 에 익숙해질 수 있도록 스스로 훈련하기 위해서는 어떠한 조건이 필요할까?

정치의 사고방식 내지 발상을 바꾸고, 시민의 정치적 성숙을 가속화하기 위해서는 무엇보다도 운동으로서든 제도로서든 시민 참가가 필요하다. '참가' 의 경험 축적 혹은 시행착오가 가장 큰 시민교육이다. 그러므로 관청에 의한 사회교육행정은 생애학습 행정으로 이름을 바꾸어 보아도 별로 도움이 되지 않기 때문에 종결되지 않을 수 없다.

시민 참가의 운동, 제도에는 과제별, 지역별 나아가 종합계획 책정의 세 가지 유형이 있지만, 어느 유형이든 정보공개가 불가결하다. 모든 정부 차원에서 정보공개가 없다면 시민 참가는 실효성을 잃어버린다. 정보공개가 되어야 비로소 시민은 단순한 반대, 쟁취로부터 도약해서 정책, 제도의 개발에 몰두할 수 있다. '정보 없이는 참가도 없다' 는 것이다. 이 논점을 [그림 11]에 정리했다. 이 정책, 제도개발에 관해서는 제III, V장을 참조하기 바란다.

일찍이 1960년, 일본의 시민들은 지역민주주의, 자치체 개혁에 관해서 대부분 이해할 수 없었다. 당시 처음으로 국민문화회의가 그러한 운동을 펼치기 시작했다. 그 첫걸음으로 1961년의

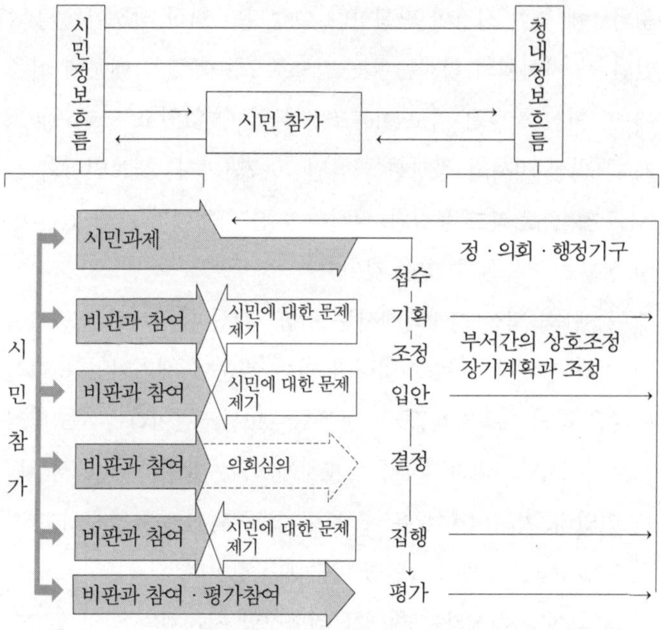

[그림 11] 정책책정과 정보의 흐름

전체회의에서 '지역민주주의 분과회의'가 설치되었다. 이미 말했지만 그 당시에는 자치체의 독자적인 논리가 이해되지 않았다. 그러나 1963년의 통일지방선거에서 시작되는 '혁신 자치체' 시대를 이론 수준에서 준비할 수 있었던 것이다.

1963년에 요코하마(横浜)시를 시작으로 혁신 자치체가 등장하기 시작했을 때 '전국혁신시장회'(全國革新市長會)가 만들어지고 1960년대 절정기에는 130개 시에 달하였으며 당시 시의 3

분의 1에 혁신 시장이 탄생한다. 그렇지만 혁신 시장이 선출되었던 각 자치체의 의회는 압도적으로 보수계였기 때문에 처음에는 '혁신 시장회' 라고 이름조차 붙일 수 없었고, 도쿄도(東京都)에 혁신 지사가 등장한 다음인 1967년까지 '광보연락회의'(廣報連絡會議)라고 불렀다. 당시의 혁신 자치체가 처해 있던 정치 상황을 이해할 수 있을 것이다.

이 제1회 혁신 시장회에서는 또한 "혁신 자치체란 노동조합이 말하는 것을 듣는 것입니까" 라는 질문이 제기되었다. 혁신 이론은 당시 노동자계급=노동조합=노동조건이라는 사고방식으로서 '시민' 내지 '지역', '자치체' 라는 발상이 홀로 성립될 수 없었다. 자치체 이론은 구 보수계, 구 혁신계를 불문하고 사회과학자를 포함해서 그만큼 미숙했던 것이다.

즉, 혁신 자치체라는 형태를 취했지만 자치체의 의의(意義)와 과제는 당시의 혁신 정당, 보다 광범위하게는 호헌(護憲)을 포함해서 전후 민주주의의 운동 전체 가운데에서 제 위치를 갖고 있지 못했다. 왜냐하면 일본의 유사 이래 첫 '경험' 이었기 때문이다.

물론 이 시기 이전에도 스기나미(杉並)구의 니이(新居) 구청장, 교토부(京都府)의 니나가와(蜷川) 지사, 센다이(仙台)의 시마노(島野) 시장 등 드물게 혁신 단체장이 나오긴 했다. 이것은 전사(前史)라고 해도 좋다. 1960년대 일본이 도시형 사회로의 이행에 수반되는 시민활동이 격렬하게 일어남으로써 처음으로 혁신 자치체가 '자치체 개혁' 을 담당하게 되었다. 이 시점으로부터 자치체 수준의 이론 그리고 정책, 제도의 개발이 시작되고 1980년대 이후의 앞선 자치체로 연결되고 오늘날의 분권화, 국제화 시대를 열게 된다.

반복해서 말하지만 일본의 전후 민주주의의 운동과 이론은 정치학, 법학을 포함해서 국가 개념에 사로잡혀 국가 수준의 발상에만 머무르고 있었다. 헌법에서도 전후 헌법에 확인되는 것처럼 자치 혹은 자치체를 이해하지 못했다. 또한 헌법의 개별 조문도 전전(戰前)의 특권 관료가 주도권을 장악해서 책정했기 때문에 자치체는 국가주권에 의해 만들어지고 이것에 종속되는 '지방공공단체'에 불과하다고 인식되었다. 영역(英譯)으로도 local government가 아니라 local public entity가 되어 무엇이 무엇인지 이해가 되지 않는다. 「일본국 헌법」 제정 당시 일본 전체로서 유감스럽지만 자치 내지 자치체의 의의(意義)와 과제에 관한 인식이 미숙했던 것이다. 만일 오늘날 헌법을 새롭게 만든다면 '지방공공단체'라는 용어는 사용하지 않고 틀림없이 '자치체'라는 용어를 사용할 것이다.

1960년대 이후 자치체는 정부가 되고 오늘날 앞선 자치체에서는 자치체 정부로서 자각하는 수준이 되었다. 자치체 이론도 많이 전진하여 1970년대 이후는 대학의 강좌에도 광범위하게 확산되었다. 언젠가는 법학부의 커리큘럼에서도 자치체 법학은 국제법학과 병행하는 위치에 놓이게 될 것이다.

오늘날 국내 정책의 주도권은 국가가 아니라 자치체가 발휘하고 있다. 3,000여 개의 자치체가 각각 정책의 발생원(發生源)이 되기 때문에 이는 당연하다. 물론 자치체에 대해서는 국가의 성청(省廳), 국회, 내각에 하듯이 현재의 상태를 격렬하게 비판해야 한다. 오히려 자치체가 국가에 대해서 독자적인 정치적 책임을 갖는 정부가 되었기 때문에 자치체도 비판의 대상이 되었다고 상황을 이해해야 한다.

그러나 여전히 전체로 보자면 일본의 사회과학, 저널리즘, 또는 국가뿐만 아니라 자치체의 의회 토론에서도 자치체 독자적인 의의와 과제는 아직 확실히 이해되지 않고 있다. 이것은 이론가를 포함해서, 일본에서 시민 그리고 '자치'에 대한 미숙함을 반영하고 있다.

따라서 메이지 국가가 해체, 재편되는 분권화, 국제화에 수반되는 시민문화의 형성이라는 새로운 전략과제에 모든 정당이 자치체 차원 또는 국가 차원에서 대응할 수 있는지 여부에 따라서 앞으로 일본 정치권의 향방도 바뀔 것이다. 정당 재편은 확실히 주된 논점이긴 하지만 위에서 논의한 관점에서 생각하는 것이 필요하다.

오늘날 시민자치의 기본은 시민의 문화 수준, 정치적 성숙도의 변용, 말하자면 '시민문화'의 형성에 있다고 본다. 이 시민문화의 형성은 영원히 미완성의 과제이지만 오늘날 일본의 분권화, 국제화라는 정치과제에 부응할 것이다.

V. 자치제 이론의 기본논점

필자가 자치체 이론에 몰두하기 시작했던 것은 정확히 1960년 "미일(日米)안보조약" 개정의 해였다. 당시 안보국민운동으로부터 어떠한 논점을 끌어낼 것인가가 필자의 문제설정이었지만, 전후의 사상적 상황에 대해서는 제IV장에서 언급했다.

당시 소수지만 자치체의 실증연구 혹은 제도해설, 계몽 이론은 있었지만 정치 차원에서는 구 혁신계의 '자치체 투쟁'이라는 말밖에 없었던 것에 유의해 주기 바란다. 이 자치체 투쟁론은 국가의 하부기구인 자치체와 투쟁하면 국가 혁명으로 연결된다는 사고방식이었다. 이러한 혁신계 이론은 보수계 이론을 포함해서 국가에 대한 자치체의 독자성을 이론적으로 정립할 수 없었던 당시의 이론 수준을 잘 보여 주는 것이다.

필자는 이러한 상황의 1960년에 자치체 투쟁에 대한 비판으로 '자치체 개혁' 이라는 형태로 입론(立論) 자체를 재구성하기 위해 우선 자치체 개혁의 주체를 '계급' 에서 '시민' 으로 다시 설정하고 그리고 '시빌 미니멈' 을 제기하고자 했다.

여기에서 시민 또는 자치체에 의한 시빌 미니멈의 공간 시스템화로서 도시정책을 설정하고 건축, 토목형 발상에서 벗어난 『도시형 정책을 생각한다』(岩波新書)를 1971년에 썼다. 이것은 첫째 농촌형에서 도시형 사회로, 둘째 실증형에서 정책형으로 사회과학의 전환을 준비한 것이다.

계속해서 1975년 메이지 헌법형인 '국가통치' 의 기본법으로서 헌법을 규정하고 있는 전후에도 계속되는 헌법학 또는 행정법학의 재편을 목표로 해서 『시민자치의 헌법이론』(岩波新書)을 출판했다. 이것은 또한 당연히 일본의 사회주의 이론이 국가 혁명을 지향했던 관치 · 집권형 '국가통치' 이론이었다는 것에 대한 비판이기도 했다.

오늘날에는 종래의 '국가' 개념 특히 국가주권을 중심으로 했던 관치, 집권형의 이론 틀로는 부족하다는 사고방식이 제I장에서 살펴보았듯이 확대되기 시작하고 광범위하게 분권화, 국제화라는 과제의 성숙과 함께 자치체를 둘러싼 이론은 현격한 심화를 보이고 두터운 층의 새로운 이론세대가 성장하게 되었다. 그리고 1980년대에는 자치체 직원 중심의 '자치체 학회'도 성립되었다. 게다가 제II장에서 말했던 것처럼 1990년대에는 메이지 이래는 물론 전후에도 처음으로 지방분권을 지향하는 「지방분권 대강법」의 제정(制定)이 정치 일정에 오른다.

이렇게 자치체를 둘러싼 문제 상황은 변해 왔다. 이 시점에서 다시 한 번 자치체의 기초 이론이라는 형태로 발상에서 실무까지를 포함해서 정리하고자 한다.

1. 자치체는 정부로서 자립

자치체의 존재근거에 대해서는 전전(戰前)부터 유명한 "역사고유설"(歷史固有說)과 "국가파생설"(國家派生說)이 있다. 전후 주류가 된 것은 "제도보장설"(制度保障說)이다. 이것들에 대해서 필자는 "정부삼분화설"(政府三分化說)을 제기한다.

최초의 역사고유설에서는 근대화 이전인 농촌형 사회에서의 영주 지배가 배경이다. 농촌형 사회의 토대는 '공동체'이지만, 또한 도미니엄(dominium)으로서 영주 지배가 '신분'으로 성립된다. 영주 지배에는 상급과 하급이 있지만, 근대에 들어서 하급 지배는 기초자치체(시정촌), 상급 지배는 광역자치체(縣)에 해당한다는 사고방식이다. 이 같은 도미니엄(지배)의 통합에 의해 성립되는 임페리엄(imperium), 즉 왕권(王權) 내지 제권(帝權)은 이른바 근대국가에 연결된다. 역사고유설이라는 것은 이 농촌형 사회의 지배, 즉 영주 지배로서의 지역자치를 자치체의 역사배경으로 나타내는 이론이다.

국가파생설은 근대국가 성립 이후의 국가주권으로부터 출발하는 것이지만 국가주권은 도미니엄 관념을 부정한 후에 성립된다. 다원(多元) · 중층(重層)형의 지배가 일원(一元) · 통일형의 국가로 재편된 결과, 도미니엄 계보의 자치체는 임페리엄 계보의 국가로부터 파생되고 종속된다고 간주된다. 자치체는 제도로서는 국가에 의해서 만들어진 국가의 하부기구 혹은 국가주권에 의한 '국가통치' 의 하부기구라는 이론이다.

그렇지만 현대에 들어 선거권의 확대와 함께 자치체의 장(長), 의회의 조직정비가 진척되면서 단순한 국가파생설로는 더 이상 설명이 되지 않는다. 여기서 전후 일본에서는 새롭게 제도보장설이 등장한다. 필자는 이것을 수정국가파생설이라고 표현한다. 국가주권 내지 국가통치를 전제로 하면서 이른바 실질적인 주민자치, 단체자치를 얼마만큼 제도로 보장할 수 있는가라는 문제를 제기하기 때문에 수정국가파생설(修正國家派生說)이다.

그렇지만 필자는 [그림 1]에서 국가 수준(level)을 모델로 정리한 정부신탁론을 기초로 [그림 4]에 도식적으로 보여 준 '정부삼분화설' 을 제기했다. 시정촌(市町村), 현(縣)의 자치체, 성청(省廳)으로 이루어진 국가 그리고 국제연합을 시작으로 하는 국제기구도 각각의 의미에서 시민의 신탁에 의한 정부라고 생각하는 것이 좋지 않겠는가?

여기에서 공업화, 민주화, 즉 근대화가 추진하는 농촌형 사회로부터 도시형 사회로의 이행을 고려해야 한다고 생각한다. 인간의 역사 중에서 정착농업의 발달 이래 수천 년 동안 계속됐던 농촌형 사회로부터 도시형 사회로의 과도기적 추진력으로서 우선 근대 유럽에서 이른바 국가가 성립되었다. 이 국가는 이른바 근대화를 위한 과도적 매체(媒體)에 지나지 않지만, 근대 유럽의 국가들은 '국가주권'의 이름으로 지방기구를 정비하고 그리고 지방자치의 '제도보장'을 한다.

그러나 20세기 서양과 일본 등에서 도시형 사회가 성숙해지면서 자치체는 정부로서 자립해 간다. 다른 한편, 국제정치기구로서 국제연합, 국제전문기구로서 WHO, ILO, 유네스코 등의 국제기구도 점차 자립하기 시작한다. 그 결과 절대·무오류의 주권을 가진다고 간주되었던 국가 개념은 종언을 고하고, 국가 차원의 정부만 존재하게 되었다. 이제까지 정부 개념은 국가에 독점되어 있었지만 오늘날은 [그림 4]와 같이 III. 자치체, IV. 국가, V. 국제기구로 삼분화된다. 이 점에 관해서는 나중에 자세히 설명하겠다.

다음으로 왜 도시형 사회에서는 자치체가 정부로서 자립하게 되는가라는 문제가 제기된다. 제I장에서 말했지만 도시형 사회의 생활구조 혹은 사회형태로부터 오는 필연성이 그 해답이다.

도시형 사회인 오늘날에는 우리들이 생활하기 위해서 우선 소득이 필요하지만 소득보장을 위해서는 노동권의 확립이 필요하다. 또한 이 소득보장에는 농림어업을 포함한 지역 생산력 내지 지역 고용력의 확충이 과제가 된다. 따라서 자치체는 나라 전체의 생산력 수준만을 보는 것이 아니라 각 지역마다 독자성을 갖는 지역 생산력 내지·지역 고용력의 확충이라는 과제에 전념하게 되는 것이다.

실제로 지역의 특정 산업 혹은 기업이 파산하면 그 지역의 생산력이나 고용력이 저하된다. 과소촌(過疎村)은 그 극한(極限)에 이르는 경우지만, 예전의 에너지 전환으로 탄광이 도산했을 때, 또는 경제가 경박단소(輕薄短小, 공업제품 중에서 가볍고 얇고 짧고 작은 것의 총칭, 전자부품 등—역자주) 시대로 변해서 용광로가 멈추었을 때 그 지역은 쇠퇴하고, 자치체도 허약해진다. 또한 1990년대에 들어서면 자동차의 불황으로 공장재편이 이루어지면서 그 지역의 생산력 내지 고용력이 저하되었다. 다시 말해 자치체는 농림어업을 포함해서 지역 생산력, 지역 고용력을 높이는 과제를 갖는다.

그렇지만 도시형 사회에서는 이것에 덧붙여서 I. 사회보장, II. 사회자본, III. 사회보건의 공공정비가 불가피해진다. [그림 3]과 같이 자치체는 이 I, II, III을 정비하는 과제를 가지게 된다. 그래서 이 I, II, III을 1970년에 시빌 미니멈의 공공정비로 규정했던 것이다.

당시 헌법 이론에서는 시빌 미니멈을 보장하는 헌법 제25조를 단순한 선언조항에 지나지 않는 것으로 보았고 기껏해야 국가에 의한 은혜로서의 '급부'(給付)라고 말했다. 그리고 혁신파는 사회보장은 노동자계급의 '계급의식'을 무디어지게 하는 매수정책(買收政策)에 지나지 않는다고 간주했다. 이러한 이론적 풍조가 1960년대까지 풍미했다. 젊은 사람들은 어째서 이러한 이론이 풍미했는지를 이상하게 생각할지 모르겠지만 당시 일본은 아직도 19세기 유럽에 해당하는 농촌형 사회의 발상밖에 가지고 있지 않았던 것이다.

오늘날 이 시빌 미니멈의 보장으로서 I, II, III의 공공정비가 도시형 사회 특유의 정책과제가 되고, 이것이 직접적으로 우선 자치체의 과제가 된다. 이 시빌 미니멈의 공공정비는 말하자면 시민에 의한 사회의 자치관리이다. 시민에 의한 도시형 사회의 이른바 사회공학(社會工學)이라고 말할 수 있다. 도시형 사회에서는 농촌형 사회의 냇물이나 수돗물이 수도가 된다. 예전에는 마을사람 전체를 동원해서 도로를 만들면 충분했지만 오늘날은 자동차가 다닐 수 있는 포장도로가 필요하다. 옛날 이에(家) 차원의 효도는 오늘날 공공정책에 의한 사회보장으로 바뀐다. 또한 새롭게 환경 문제도 출현한다. 이것들은 도시형 사회의 조직, 제어를 지향하는 시민의 사회공학, 즉 관리가 필요하다는 것을 의미한다.

도시형 사회의 새로운 과제인 공공관리를 담당하기 위해서는 행정기구의 확대가 필요하다. 이 행정기구를 시민이 조직, 제어하기 위해서 정치 내지 정부가 필요하다. 즉 정부로부터 출발하면 정치→행정→관리이지만, 시민으로부터 출발하면 관리→행정→정치가 된다.

이렇게 도시형 사회에서는 농촌형 사회의 공동체 자치를 대신하여 정책, 제도에 의한 시빌 미니멈의 공공정비라는 시민의 관리과제가 등장한다. 이러한 관리를 담당하는 행정기구를 조직, 제어하기 위해서 시민에 의한 정부의 성립이 필요하다. 국가로부터의 출발이 아니라 시민으로부터의 출발이다.

단, 도시형 사회의 공공관리 내지 사회공학을 떠맡는 행정기구는 아직 농촌형 사회의 단계에 있는 이른바 근대국가의 행정기구와는 구별해서 자리매김할 필요가 있다. 전자는 '신' 관료조직, 후자는 '구' 관료조직이다. 군사대립이 강한 유럽 대륙의 프랑스나 독일 등에서는 절대국가가 되는 구 관료조직이 생겨났지만, 선진국이면서 섬나라인 영국이나 대서양 저편에 있던 미국에서는 구 관료조직은 성립되지 않았다. 영국이나 미국에서는 신 관료조직이 20세기 도시형 사회로의 이행에 의해 점차 구성되었다. 그러나 대륙의 프랑스나 독일 등의 경우에는 구 관료조직이 도시형 사회에서 신 관료조직으로 역할이 변화된 것이다.

일본의 경우도 메이지 국가가 만들었던 구 관료조직이 도시형 사회로의 이행과 함께 신 관료조직으로 역할 변화를 할 수 있을 것인지가 문제가 된다. 이것이 오늘날의 관치 · 집권정치로부터 자치·분권정치로의 이행을 둘러싼 메이지 국가의 해체, 재편이라는 문제이다.

게다가 도시형 사회가 발달하면 각국에 공통적으로 나타나는 것이지만 일본에서도 1960년대 이후 자치체의 직원이 급속히 증가했다. 이 단계에서 자치체 직원이 증가하는 이유는 도시형 사회에서 시빌 미니멈의 공공정비라는 관리과제가 국가 차원(level)보다도 자치체 차원에서 더욱 확대되고 이제까지 명망가(名望家)가 지배하고 있었던 자치체에서도 신 관료조직으로서 행정기구가 필요했기 때문이다.

이로 인해 도시형 사회에 들어서면, 일반적으로 광범위하게 자치체 직원수도 늘게 되고 능력도 향상된다. 일본에서도 1960년대 전후의 교육개혁에 의한 신제(新制) 고교졸업자, 대졸자의 많은 수가 자치체에 참여하게 되었다. 여기에서 자치체 직원의 수준이 양적, 질적으로 크게 향상된다. 도시형 사회에 들어섰기 때문에 농촌형 사회 단계의 지역자치 내지 지역자급에 의해서 관리되던 생활조건이 시빌 미니멈의 공공보장으로 사회의 공공관리가 되는 것이다.

이로 인해 도시형 사회에 들어서기 시작하면 자치체를 둘러싼 이론도 변한다. 가장 전형적인 것이 20세기로 이행하던 시점에서 전개되었던 영국의 페이비언주의(Fabianism)이다. 일본에서 이것은 점진적 사회주의 이론으로서, 사회주의의 타락과 같은 의미로 통하고 있었지만, 이것은 잘못된 인식이다. 페이비언주의에서 말하는 사회주의란 집합주의(Collectivism), 즉 공공관리라는 의미이다. 마르크스나 레닌이 생각했던 '국가'에 의한 사회혁명이라는 의미는 아니다. 따라서 가스 워터 소셜리즘(gas water socialism, 도시의 기반시설을 정부가 소유하는 것을 의미함—역자주)이라고 한다. 혹은 뮤니시펄 소셜리즘(municipal socialism, 가스 워터 소셜리즘과 같은 의미—역자주), 즉 도시 사회주의라고도 부른다. 영국이 도시형 사회로 이행하는 과정에서 자치체의 신관료조직, 즉 행정기구에 의한 공공관리라는 자치체 이론의 재편이 생겨났다. 그 당시 노동조합에 대한 환상을 가진 길드 사회주의(guild socialism)가 페이비언주의를 관료지배라고 비판했던 것은 여기에서 기인한다.

그리고 미국에서도 20세기로 들어가는 시점에서 도시형 사회의 시작과 상응해서 도시개혁이 진행되고 도시행정학이 성립된다. 미국에서도 정실주의(spoils system)에서 실적주의(merit system)의 형태로, 국가뿐만 아니라 자치체의 신관료조직으로서 행정기구를 만들지 않을 수 없게 되었다. 이것들은 앞서 말한 도시형 사회에서 관리→행정→정치라는 문제와 연관된다.

일본에서도 정확히 1960년에, 농촌형 사회였던 메이지 초기의 85%였던 농업인구가 30%가 되고 도시형 사회로의 이행이 시작되었다. 1980년대에는 농업인구가 10% 이하가 되지만 1960년의 단계에서 자치체 이론의 자립이 시작되고, 지역 민주주의에 의한 자치체 개혁, 그리고 시민 참가에 의한 자치체 혁신이라는 사고방식이 등장한다.

앞에서 말했던 '자치체 투쟁론' 은 여기에서 사라진다. 새롭게 시빌 미니멈의 공공정비라는 도시형 사회의 정책과제를 둘러싸고 양적, 질적 측면에서 동시에 자치체 기구의 확충 내지 정책, 제도개발이 진전된다. 여기부터 시정촌, 현을 포함하여 자치체 '정부' 로서 자립이 시작된다. 주권을 전제로 했던 국가 범위 내에서의 '단체자치 · 주민자치', 그리고 '제도보장' 이라는 사고방식 또한 붕괴된다.

특히 일본에서는 복지, 도시, 환경, 또는 교육, 산업을 둘러싸고 넓게는 지역 만들기에 대해 자치체가 관치, 집권형의 정관재(政官財) 유착이 되어 있는 국가 정부, 성청(省廳)보다 앞서서 정책, 제도개발을 적극 추진한다. 이것이 당시의 혁신 자치체를 시작으로 하는 앞선 자치체의 의의였다. 이 점에 관해서는 『자료 혁신자치체』(日本評論社, 1990년)에서 정리했다.

이 과정에서 행정은 '법의 집행' 이라는 이제까지의 헌법학이나 행정법학이 중심이었던 공무원 양성용 이론에서 바뀌어 간다. 행정이 법의 집행이라고 할 때 이 경우 법이란 국법이다. 이것은 말하자면 자치체는 국법을 집행하는 것만으로 충분하다는 메이지 이래의 관치, 집권정치의 사고방식이었다. 그때 앞서 말했던 자치체는 국가로부터 파생되는 하부기구라는 정의가 그 전제가 되었다. 행정은 곧 '법의 집행' 이라는 말의 비밀은 이것이었다.

그렇지만 자치체의 행정이 단순한 국법의 행정이라면 도시형 사회인 오늘날 다음의 문제가 제기된다. 우선 첫째 국법은 나라 전체의 통일 기준을 의미하기 때문에 그 집행은 '전국이 획일'(全國劃一)적이다. 둘째, 이 경우 행정법을 의미하지만, 국법, 즉 국가의 행정법은 국가 성청(省廳)이 종적으로 만들고 있는 것이기 때문에 제각각의 '성청 종적 분할' [省廳縱割]이 되어 버린다. 셋째, 도시형 사회에 진입하여 사회변화의 속도가 빨라졌음에도 불구하고 국법은 일단 만들어지면 좀처럼 바뀌지 않는다. 새로운 국법도 잘 제정되지 않는다. 이로 인해 행정을 국법의 집행이라고 할 때 '시대착오' 의 행정이 될 수밖에 없다.

국법 중심의 행정법 학자는 자주 자치체법, 조례의 '한계' 를 지적하지만 이처럼 국법, 법률도 '한계' 를 갖고 있다. 이 전국 획일, 성청 종할, 시대착오라는 세 가지 이유로 정부로서 자치체의 자립을 인정하지 않는 자치체의 국가파생설 내지 제도보장설은 도시형 사회에서는 언젠가 종언을 고하게 될 것이다. 이와 대비되게 자치체는 (1) 지역개성 (2) 지역종합 (3) 지역선도라는 과제에 몰두하게 된다. 그렇지 않으면 전국 획일, 성청종할, 시대착오의 행정이 될 것이다. 물론 국가와 똑같이 자치체도 관청[御上] 체질에서 뇌물수수사건까지 다양한 문제점을 안고 있지만, 자치체의 과제영역에서 정책 자립을 위해서 '정부' 가 되어간다.

도시형 사회에 들어서면서, 이렇게 해서 자치체는 정책, 제도 개발에 몰두하지 않을 수 없게 되었다. 일본에서도 파이오니어형의 앞선 자치체를 비롯하여 1960년대, 70년대, 80년대의 경험을 통해 그러한 실적을 축적해 왔다. 그 결과 자치체는 정부로서 자립한다. 이것이 바로 1990년대에 들어서 '분권화' 를 지향하는 제도개혁이 시작된 것이다.

그리고 일본의 각 자치체는 외국 국적의 시민에 대한 이른바 '안' 의 국제화는 물론, 나아가 국제정책을 가지고 '밖' 으로의 국제화로서 자치체 외교를 전개하게 된다. 이것이 국제화이다. 이제까지 국가주권에서 출발하는 예전의 법학, 정치학을 포함해서 외교는 국가가 독점했던 것이었다. 그렇지만 오늘날의 자치체는 국제정책을 가지고 자치체 외교에 착수하게 되었다. 특히 현 내지 정령시(政令市)를 비롯하여 자치체는 청내(廳內)에 국제실, 외국에 주재실을 갖는 단계에 들어서게 됐다.

자치체가 국제정책을 가지고 자치체 외교를 전개한 것은 「일본국 헌법」, 「지방자치법」의 제정 당시에는 생각도 하지 못했던 상황이다. 그러나 자치체 외교는 국가로부터 자립해서 전개되어 왔다. 자치성(自治省)은 1990년대에 들어서서 『지방자치법』 2조 3항에 '국제교류' 를 포함시키려고 시도하면서도 외무성과의 관계를 배려하여 이를 유보하고 있지만 1994년에는 자치성도 국제실을 설치한다. 자치체가 앞서고 자치성(自治省)이 뒤따라서 한 것이다.

일본의 자치체는 오늘날 정부로서 자립하고, 국가에 앞서는 정책 주도권(initiative)을 가지고 있다. 여기에서 자치체가 새로운 단계에 대응할 수 있도록 자치체 기초이론의 구성이 필요해졌다.

지금까지 말한 것은 일본만의 문제는 아니다. 분권화가 서양에서도 도시형 사회로 이행되는 20세기 초부터 시작된 것은 이미 말했지만, 후진국에서도 앞으로 도시형 사회로의 이행에 수반해서 정부로서 자치체의 자립이 진전될 것이다. 또한 오늘날 국제자치체연합(IULA)은 국제화를 둘러싼 지구규모에서의 커뮤니케이션 기술의 발달, 세계공통문화의 성립을 배경으로 국제연합에서 "세계지방자치선언"을 통과시키려고 한다. 그 모델은 이미 EU에서 완성되었고, 특히 국경을 넘어서 자치체가 상호 연합(相互聯合)할 수 있는 권리가 제기되고 있다.

2. 자치체 이론으로 보는 과거와 현재

오늘날 이렇게 해서 자치체는 국제기구와 똑같이 정부로서 자립해 왔다고 생각해도 괜찮지 않을까? 여기부터 정부는 자치체, 국가, 국제기구로 삼분화된다. 이러한 사고방식에 대해서 정부라고 하지만 자치체는 이른바 주권 내지 군사력을 가지고 있지는 않다는 반론이 반드시 제기된다. 국가주권의 붕괴가 이제 상식이 된 것과 마찬가지로 정부 개념을 국가 개념과 동등하게 남겨 두는 것은 이제 불가능하다.

정부 개념은 자치체, 국가, 국제기구 각각이 차이가 나도 되지 않겠는가? 자치체가 정부라는 것은 국가 수준의 정부를 모델로 하지 않고 자치체 수준의 독자적인 정부 개념을 생각하면 되는 것이다. 그리고 국제기구 수준의 정부 개념도 별도로 생각하면 좋다.

자치체, 국가, 국제기구 각각의 정부는 [그림 12]처럼 저마다의 과제는 물론, 기구도 다르다. 자치체는 장(長)을 중심으로 해서 기업과 똑같은 부과제(部課制)로 이루어진 장(長)에 의한 단일지휘구조를 갖고 있다. 국가는 성청(省廳)으로 이루어지지만 성청(省廳)은 사업부제(事業部制)이다. 국가는 성청을 내각이라는 형태로 통합하는 종할복합구조(縱割複合構造)이다. 수상제, 대통령제 모두 내각을 갖고 있다. 그리고 국제기구를 보자면 국제정치기구로서 국제연합과 이 국제연합 내외에서 자립하는 WHO, ILO라든가 국제적십자라든가 다양한 국제전문기구가 있다. 말하자면 복수분립구조(複數分立構造)이다.

정부라고 하더라도 종래 국가의 정부 개념으로 생각하지 말고, 자치체, 국제기구 각각의 독자적인 정부 개념을 생각하면 정부 삼분화설(政府三分化說)도 이해할 수 있을 것이라고 생각된다. 그러한 개념에서는 세계연방, 지구 국가 등의 사고방식도 국가 모델이기 때문에 무의미하다.

행정기구도 삼분화되어 그 결과 자치체 행정기구, 국가 행정기구, 국제행정기구로 구별된다. 일본에서는 국제행정기구의 독자연구는 이제 젊은 세대에서 시작된 지 얼마 되지 않기 때문에 뒤떨어져 있지만 자치체 행정기구, 국가 행정기구, 국제 행정기구라는 형태로 행정기구도 삼분화된다. 이 세 행정기구는 정부의 삼분화에 입각해서 각각 독자적인 존재이유 내지 과제를 갖고 각 정부의 수준에서 독자적인 정책, 제도를 개발하게 된다.

그리고 정책 기준도 삼분화되어 자치체의 시빌 미니멈, 국가의 내셔널 미니멈, 국제기구의 인터내셔널 미니멈으로 나누어진다. 따라서 법도 삼분화되어 자치체법(조례), 국법(법률), 국제법(조약)으로 나누어진다.

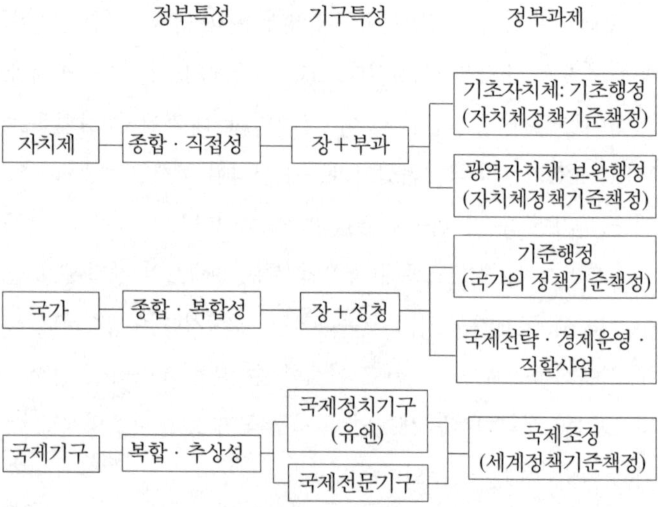

[그림 12] 정부 각 수준의 특성 · 기구 · 과제

이 경우 국제법은 국제기구에 의한 국제입법으로서 다국간 개방조약이다. "미일안보조약"에서 보이는 양국간 조약은 아니다. 양국간 조약의 비중은 점점 작아진다. 예를 들면 "국제인권규약"이라든가 "국제난민조약"과 같은 국제입법이 자립하게 된다. 이 국제입법으로서 국제법은 자치체법이 국법의 절대성, 무오류성을 상대화하는 것과 마찬가지로 국법의 독선성, 폐쇄성을 타파해서 국법의 국제 평준화를 추진한다.

뿐만 아니라 그것들을 지탱하는 문화도 삼분화된다. 지역개성문화, 국민문화, 세계공통문화로 삼분화되는 것이다. 지역개성문화에는 에스닉(ethnic) 문화도 포함된다.

이런 상황에서 종래와 같은 국가 개념을 중심으로 일상, 혹은 세계를 생각하는 사고방식은 붕괴될 수밖에 없다. [그림 4]에서 보았던 오늘날의 새로운 획기적인 정치 상황에 입각하면 국가 개념으로부터 출발하는 종래의 정치학, 행정학, 국제정치학은 물론 헌법학, 행정법학, 국제법학도 이론전환이 불가피해진다.

특히 일본의 기존 법학은 19세기 후발지역인 독일계 이론을 모델로 했고, 법 기술구성에서도 절대 · 무오류의 주권을 가진 국가 개념을 의인화(擬人化)해서 국가법인론(國家法人論)을 명시적이든 묵시적이든 그 전제로서 구성했다. 이는 일본의 국어사전에 명시되어 있는 영토, 국민, 주권이라는 유명한 국가 3요소(國家三要素說)와 연결되어 있다. 이 국가 개념 실체화(實體化)의 계보가 전후에도 계속되어 앞서 말한 국가파생설 내지 제도보장설의 이론적 전제가 된다.

거기에서는 국가가 단일법인(單一法人) 내지 실체로서 이론구성이 되기 때문에 자치체는 절대 · 무오류의 국가 내부로 자리매김할 수 있다. 국가의 내부에 현 그리고 시정촌을 하부기구로서 자리매김하는 이론이 그것이다. 또한 이 국가 개념에는 주권이 상정되어 있었다.

필자는 이 국가법인론을 비롯하여 국가 개념을 주권 주체로서 의인화하는 사고방식은 오늘날 붕괴되었다고 생각한다. 자치체는 독자적인 정부가 되고, 국제정책에 의한 자치체 외교까지 전개하기 때문에, 더 이상 자치체를 국가 개념의 내부에 종속시킬 수 없다. 게다가 국제기구도 정부로서 자립하고 또한 시민도 국가의 틀을 넘어서 활동하고 시민활동의 국제화 내지 국제시민활동이 시작될 뿐만 아니라 단체, 기업도 지구규모로 활동한다. 당연히 국제법인론을 포함하는 국가 개념의 실체성은 붕괴된다.

이 국가법인론을 대신하여 필자는 1975년의 『시민자치의 헌법이론』에서 정부신탁론을 제기해 왔다. 단일 국가법인론이 아니라 복수정부신탁론이다. 국가법인은 법인(corporation)의 이론이지만 정부신탁은 신탁(trust)의 이론이다. 즉 정부는 시민의 선출 절차에 의한 신탁으로 성립된다는 사고방식이다.

정부신탁론에서, 시정촌 차원 그리고 현(縣) 차원의 자치체 정부는 각각 시민에 의해 신탁된 정부이다. 그리고 국가정부도 시민의 신탁에 의해서 성립한다. 국제기구 수준은 시민이 직접 하는 것은 아니지만 국가를 통해서 간접적으로 신탁하고 있는 것이다. 정부 개념의 정의는 이러한 복수정부신탁의 이론 구성으로 충분하다. 국가 개념은 필요가 없다.

이 신탁이라는 사고방식은 오늘날에도 일본의 헌법학, 행정법학으로는 이해되지 않는다. 국가 차원의 기본법인 헌법 '전문'에 국정은 국민의 신탁에 의한다고 나와 있지만, 일본 학자에 의한 영미법 사전을 보더라도 민사의 신탁 내지 이른바 공공신탁은 있지만 여기서 말하는 정부신탁에 관해서 신탁의 조항에서 언급되지는 않는다. 따라서 일본의 헌법학, 행정학은 영미법형 발상에서 출발하는 헌법을 국가법인론, 즉 19세기 대륙법형으로 이해했다고 볼 수 있다.

결국 단체를 법학적으로 어떻게 법이론화할 것인가라고 할 때 두 가지 방법이 있다. 하나가 법인론(法人論), 또 다른 하나가 신탁론(信託論)이다. 「일본국 헌법」은 신탁론에서 출발한다. 그것을 법인론적으로 법학자들이 해석해 왔다. 여기에 차이가 있었던 것이다.

국가주권을 책임지는 법인이라 생각하는 단일국가법인론으로는 국가는 실체화되고, 빈틈없는 주권형 단일정부로 이루어지는 것이기에 자치체 그리고 국제기구의 정부로서의 자립을 이론화할 수 없다. 처음에 살펴본, 오늘날 주류가 되고 있는 자치체의 '제도보장설'도 이러한 국가 관념을 전제로 하기 때문에 같은 형태이다. 또한 국가법인론에서는 시민은 주권 주체가 아니라, 국가 요소에 지나지 않게 된다. 이것은 헌법위반의 학설이다. 따라서 복수정부신탁론이 아니면 자치체 또는 국제기구의 정부로서 자립을 이론적으로 설명할 수 없다.

법인론과 신탁론의 차이는 일반은행과 신탁은행의 차이로 생각하면 이해가 될 것이다. 일반은행은 우리들이 돈을 은행에 예치해 두면 그 돈을 어떻게 사용하든 은행의 자유이다. 이것이 주권국가를 상정하고 국민주권을 국가주권으로 전환해 버리는 명시, 묵시적인 국가법인론의 문제이다. 신탁은행에서는 돈을 예치할 경우 그 사용목적을 둘러싸고 예금자의 발언권이 마지막까지 남아 있다. 국민주권은 국가주권에 해소되지 않고 시민주권으로서 자립한다.

시민이 정부신탁론에 근거하는 각 정부 차원의 「기본법」을 만들어 자치체, 국가, 국제기구가 별도로 존재하는 자신의 정치주권을 가지기 때문에 '정치 주체' 로서의 시민주권은 '제도주체' 로서의 정부에 대해서 자립하고 있다. 국가법인론의 국가주권으로써 국민주권, 즉 시민주권을 해소시킬 수는 없다. 게다가 정부신탁론에서는 시민은 언제든지 정부에 대한 신탁을 해제할 수 있다. 이것이 선거 내지 혁명이다. 선거는 국가기관의 구성이 아닌 혁명의 제도화를 의미한다. 이처럼 법인론과 신탁론은 이론구성에서 다르다.

국유재산을 생각해 보자. 국유재산은 국가법인론에 의하면 법인으로서 국가가 배타적, 절대적으로 소유한다. 국가가 바닷가를 원자력발전소나 항만으로 사용하는 것은 국가의 소유권에서 유래하기 때문에 국가가 자유재량으로 할 수 있다는 사고방식이 만들어진다. 정부신탁론에 따른 국유재산이 되면 처음부터 국유재산은 시민 전체의 재산이다. 이것을 국유재산이라는 형태로 국가에 신탁하고 있을 뿐이기 때문에 국가정부는 마음대로 처분할 수 없다. 그 이용목적에 관해서는 항상 시민의 의견을 묻는 절차가 필요하다. 이것은 논리 필연적으로 신탁으로부터 나온다. 이것이 유명한 입회권(入會權)이라든가 입빈권(入濱權)의 논점이다.

국유재산 문제에서는 정부신탁론을 전제로 하지 않는 한, 국가법인론(國家法人論)에서 언제나 시민은 재판에서 지기 쉽다. 이 정부신탁론은 최근 영미법(英美法)에서도 다시 평가되고 환경을 둘러싼 공공신탁론(公共信託論)으로 연결되어 가고 있다.

여기에서 이해해야 할 것은 「지방자치법」 2조 1항 '지방공공단체는 법인(法人)' 으로 한다는 규정이다. 이것은 자치체의 권리능력을 법기술적으로 법인으로 간주한다고 말하고 있을 뿐이다. 이 규정은 자치체를 국가법인론적으로 혹은 정부신탁론적으로 자리매김하는가라는 '이론구성' 과는 별개인 '법 기술' 의 문제이다.

이 법 기술형(法技術型) 법인 규정은 더욱 복잡해지고 있다. 영미에서는 자치체의 법인화는 역사적으로 보면 개별 특허에 의한 법인화라는 절차를 밟고 있다. 이것이 미국에서는 다시금 자치체 헌장(charter)의 문제가 되는 것이다. 일본에서는 일반 준칙으로서 「지방자치법」에서 자치체를 법인(法人)으로 한다고 정하고 있다. 「지방자치법」 2조 1항의 법인 규정은 자치체의 권리능력의 법 기술적인 자리매김에 관해 일반준칙이 되어 있는 셈이다.

정부신탁론에서도 법 기술에 의해 국가나 국제기구와 같이 자치체의 법인격(法人格)은 인정된다. 정부를 국가법인론적으로 규정하는가 아니면 정부신탁론적으로 규정하는가는 '이론구성'의 문제이다. 법인(法人)이라고 하더라도 이 두 가지 문제영역은 구별되어야 한다.

덧붙여 말하면, 국가법인론 자체는 19세기 특히 후발 지역 독일에서 군주주권과 인민주권의 타협의 산물로서, 개념으로서는 국가주권 실제로는 관료주권을 이론화하는 사고방식이었다. 그러나 이와 대조적으로 정부신탁론은 헌법의 원형을 형성하는 중세 영국의 산물로서, 영국 혁명의 과정에서 시민정부론으로 재편되고, 미국 혁명으로 연결되는 사고방식이었다.

그럼 신탁론에서 보면 정부로서 자치체는 어떠한 위치가 될까요? 그럴 경우 정치는 상당히 명쾌해진다. 도시형 사회에서 생활하고 있는 시민들은 시빌 미니멈을 공적으로 정비하지 않으면 생활할 수 없다. 첫째, 사회보장도 필요하고 둘째, 사회자본을 정비하고 그리고 셋째, 공해 등의 사회보건에도 대처하지 않으면 안 된다. 이 도시형 사회의 '시민'의 필요에 대응하는 사회공학으로서, 정책, 제도해결을 위해 자치체, 국가, 국제기구 세 가지 수준의 정부, 행정기구가 요구된다. 이로 인해 이른바 국가를 전제로 하지 않고, 직접 자치체가 성립되는 것이다.

시민들은 이 도시형 사회에서 시빌 미니멈의 공공정비를 위해 세금을 납부하고 자치체, 요컨대 우선 시정촌(市町村) 그리고 현(縣)의 공무원을 고용한다. 그 결과 자치체 직원의 월급은 시민의 세금에서 나오게 된다. 공무원으로 이루어진 이 행정기구를 조직, 제어하기 위해서 시민은 시정촌(市町村) 및 현(縣)의 대표기구, 즉 장(長), 의회를 선출한다. 그래서 자치체의 자리매김은 국가법의 개념 조작에서 시작될 필요는 없다. 즉, 우리 시민들이 생활하는 가운데 도시형 관리과제가 생겨나고 이에 과제수행을 대행할 자치체가 요구된다. 시민은 우선 자치체에 세금을 지불하고 행정기구를 만든다. 이 행정기구를 시민이 조직, 제어하기 위해 장(長) 및 의회를 만든다.

즉, 행정기구(직원기구)는 시민의 '대행기구', 정부(長 · 의회)는 '대표기구'이다. 행정기구가 대행하는 이유는 옛날에는 여럿이 달구질로 하던 도로 만들기를 행정기구인 건설부에서 대행해 주고 있기 때문이다. 나이가 들면 어떻게 할 것인가? 옛날에는 효도 내지 마을(村)공동체의 상호 부조뿐이었지만, 오늘날은 사회보장으로 행정에 대행시키고 있다. 시민은 세금을 지불하고, 그 역할을 사회보장제도에 대행시키고 있는 것이다.

우선 시민이 시정촌세(市町村稅)를 지불하여 시정촌(市町村)을 만들고, 시정촌에서 할 수 없는 과제영역도 있기 때문에 우리들은 현세(縣稅)를 지불하고 현(縣)을 만든다. 그때 대행기구로서 행정기구를 조직, 견제하기 위해서 시정촌(市町村) 수준, 현(縣) 수준에 대표기구로서 장(長) · 의회로 이루어진 정부가 만들어진다. 자치체 수준에서 할 수 없는 과제영역은 국가 수준으로 남는다. 이를 해결하기 위해 우리들은 역시 국세(國稅)를 지불하고, 국가 수준의 행정기구를 대행기구로 만든다. 국가공무원의 월급은 우리 시민들의 세금에서 나온다. 조금도 이상한 곳이 없다.

일본에서는 국가와 자치체의 대표기구는 제도상으로 틀리다. 국가 수준에서의 제도는 우선 국회의원을 뽑고, 국회의원 가운데 리더가 수상이 되는 의회제이다. 시정촌(市町村) , 현(縣) 수준에서는 의회와 장의 양쪽을 뽑는 이른바 대통령제인 수장제(首長制)이다([그림 2] 참조).

결국 시민이 기본적인 '정치 주체' 이고 자치체, 국가, 그리고 국제기구(대개 국가로 이루어지기 때문에 간접적인 것이 되지만), 정부(長 · 議會)는 '정치주체' 인 시민이 만드는 부차적인 '제도 주체' 가 된다. 하늘에서 떨어지는 국가 개념은 이제 필요하지 않다.

그렇지만 일본에서는 국가가 자치체를 운영하기 때문에 권한, 재원을 많이 갖고 있다. 그래서 현(縣), 시정촌(市町村)이 국가에 종속된다. 이것이 이른바 '3할 자치' (三割自治)이다. 국가가 세금을 지나치게 걷어서 교부금(交付金), 보조금 등으로 자치체에 재분배하기 때문에, 자치체 직원도 자신의 월급이 시민의 세금에서 나오는 것이 아니라 국가에서 나온다고 생각하게 된다. 이렇게 되면 정말로 국가법인(國家法人)의 개념 안에서 자치체의 국가종속의식이 커지게 된다.

이러한 제도적인 구조 때문에 시정촌(市町村) 직원이 보조금의 절차 문제로 현(縣)에 가면 언제나 머리를 숙인다. 국가에 가서도 잘 부탁드린다고 진정(陳情)하지 않을 수 없다. 이것은 국가, 현(縣), 시정촌(市町村) 간의 권한, 재원의 분배형태에서 비롯된다. 처음부터 시정촌(市町村), 현(縣) 각각에 필요한 권한, 재원이 와 있으면 머리를 숙일 필요가 없다. 이러한 제도적 문제로 인해 오늘날의 권한, 재원의 재분배를 포함한 전후 50년 반세기에 걸친 「지방자치법」의 재편이 논의된 것이다.

3. 자치체 기구와 법무 · 재무

자치체의 제도는 각국의 역사적 배경을 반영하고, 또 중층적으로 이루어져 있다. 일본에서도 메이지 이후 얼마 동안 군(郡)이라는 제도도 있었고 제2차 세계대전 중에는 정내회(町內會) 부락회(部落會)가 제도화되었고 국가와 현(縣) 사이에 지방총감부(地方總監部)도 생겼다. 그렇지만 자치체의 제도구조는 크게 기초자치체와 광역자치체라는 두 개의 층으로 이루어져 있다. 자치체는 이론모형으로서는 [그림 12]와 같이 두 개의 제도로 나뉘어진다. 일본에서는 주지하는 것처럼 기초자치체는 3,000여 개의 시정촌(市町村), 그리고 광역자치체는 47개의 현(縣)이다.

기초자치체는 기초행정을 책임진다. 「지방자치법」 2조 3항은 자치체의 과제영역을 명시하고 있지만, 그 대부분은 기초자치체가 기초행정으로서 책임져야 하는 과제영역이다. 그 가운데 특정 사업, 즉 대형, 전문시설을 비롯하여 보완적인 행정을 현(縣)이 떠맡는다. 「지방자치법」에서도 시정촌(市町村)을 '기초적 지방 공공단체'라고 말하는 것은 이 때문이다. 필자는 이 시정촌(市町村)을 기초자치체, 현(縣)을 광역자치체로 규정하고자 한다.

국가는 자치체와 관련해서 행정적 기준을 책임지게 된다. 그것은 국법(國法)에 의한 정책 기준, 제도 기준의 수립이다. 정책, 제도를 둘러싼 전국 기준의 책정을 실행하고 있는 국법으로서 행정법은 국가의 정책, 제도 기준인 것이다.

물론 국가는 행정 기준만이 아니라, 자치체에서는 담당하기 어려운 직할사업도 하고 있다. 예전에는 JR이나 NTT도 그랬지만, 오늘날에는 우편국이나 국도(國道), 국유림 등이 직할사업이다. 그렇지만 국가의 역할은 점차 축소되고 있다. 또한 경제운영 역시, 국민경제가 엔(円)으로 통일되어 있기 때문에 국가가 하지 않을 수 없다. 여기에 외교, 방위 등의 국제정치를 둘러싼 국제전략이 추가된다.

즉 국가는 몇 가지 영역에서 독자적인 과제를 가지지만, 자치체와 관련해서는 기준행정을 책임지는 데 그친다. 이 기준이 국법으로서의 행정법이 된다. 필자는 행정법을 '정책법'으로 규정하려고 한다. 행정법은 국가 수준의 정책, 제도 기준을 결정하고 있기 때문에 정책법이다. 법의 분류는 [그림 13]과 같다.

	영역별 법유형	구조별 법유형
정부 수준	공법	**기본법** 헌법(정부 조직법)
〈중간〉	사회법	**정책법** 행정법 + 사회법 (노동법, 복지법·도시법·환경법) / 경제법 / 문교법 / 세무·재정법·경찰·방위법
시민 수준	사법	**일반법** 민법·형법(시민사회의 일반법)

[그림 13] 국법유형의 사고방식

조금 전에도 말했듯이 문제는 정책법으로서의 국법의 구조에 있다. 국법인 행정법은 (1) 전국 획일 (2) 성청(省廳) 종할 (3) 시대착오라는 문제점을 갖고 있기 때문에 자치체가 (1) 지역개성 (2) 지역종합 (3) 지역선도를 목표로 국법을 넘어서는 정책개발, 조례제정을 하는 것은 당연하다. 일본이 도시형 사회로 바뀌는 1960년대 이후 일본의 자치체에서 시민활동이 등장하고 직원 수준이 향상하면서 독자적인 정책을 축적해 온 것은 이러한 이유 때문이다.

일본의 자치체는 「지방자치법」에 의해 획일적으로 운영되고 있고, 국가도 분명히 획일을 강제해 왔지만 실제로는 자치체에서 지방자치법이 다양하게 운용되고 있다. 시정촌(市町村)이나 현(縣)의 조례나 규칙을 모은 예규집(例規集)을 조사해 보면 「지방자치법」의 운용은 자치체에 따라서 상당히 차이가 있다. 기본구조는 획일적이지만, 지방자치법의 운용이 크고 작은 3,000여 개의 시정촌(市町村), 북(北)에서 남(南)에 이르는 47개 현(縣)에서 서로 다른 것은 당연하다. 이 국법운용의 다양화, 나아가 자치체의 독자적 과제영역을 둘러싼 정책, 제도개발을 자각적으로 진전시키는 과제가 도시형 사회가 된 오늘날 시급한 과제가 되었다. 전술(前述)한 (1) 지역개성 (2) 지역종합 (3) 지역선도를 목표로 하는 자치체의 독자적인 정책이 이것이다.

이 정책, 제도개발을 둘러싸고 자치체에서도 법무정책이 불가결해지고 있다. 자치체의 법무정책은 자치체가 시민이나 국가로부터 고소당했을 때의 소송법무와 정책, 제도개발에 동반되는 정책법무로 나뉘는데, 정책법무가 최근 자치체의 시급한 과제가 되고 있다. 소송법무도 정책법무가 기초가 된다.

자치체의 정책법무에는 자립입법 이외에 국법의 자치해석이 있다. 해석의 폭을 늘리거나 줄이는 방법이다. 이것은 전통적인 방법이다. 그렇지만 정책법무는 우선 국법의 자치선택, 복합으로부터 출발한다. 똑같은 소형 회관(會館)을 만든다 하더라도 반드시 사회교육법에 의한 공민관(公民館)일 필요는 없다. 다른 소형회관이라도 좋고 이와 관련해서 국법에 대한 '선택'이 발생한다. 그리고 고령자 복지나 지역개발 등 업무가 복잡해지면 다양한 국법의 '복합' 이 이루어진다.

정책법무에서 ① 국법의 선택, 복합 그리고 해석으로 충분하지 않을 때에는 앞서 말한 ②자치입법이 시행된다. 여기에 ③자치체 주도에 의한 국법의 개혁도 당연히 포함된다. 이 ①②③이 자치체 업무의 정책과제이다.

지금까지 일본의 자치체는 이러한 정책업무에 전념하지 않았다고 말할 수 있다. 특히 실무로서 법의 운용에서는 1960년대 이후 자치체의 역사를 보면 알 수 있듯이 성과가 있긴 했지만, 정책법무에 관해서는 지금까지 자각적으로 구체화하고 있지는 않다.

자치체의 정책과 국가의 법령을 어떻게 서로 조화롭게 할 것인가라는 논의의 경우, 결론은 결국 국가의 '통달'(通達) '보조금 기준' 에 대한 의존, 또한 이것에 동반되는 성청(省廳)의 압력에 대한 묵종(默從)이 되기 쉬웠다. 세쓰 소송(攝津訴訟, 보육원의 국고보조를 둘러싸고 市가 국가를 상대로 제기한 소송—역자주), 오오무타 소송(大牟田訴訟, 지방세법 제489조 1항-2항이 헌법 제14조, 92조에 위반된다고 市가 국가를 상대로 제기한 소송—역자주) 등은 예외였던 것이다. 혹은 '행정실례'(行政實例), 즉 문의해서 '예상한 대로' 국가의 승인을 얻어 왔던 것이다. 여기에 인허가(認許可), 행정지도도 추가된다. 자치입법에 관해서도 국가의 조례안(條例案)을 견본으로 삼아 사용해 왔다. 견본의 공란에 자치체 이름을 넣으면 해결된다는 것이다. 분명히 앞선 자치체에 의한 독자적인 조례의 제정도 보이지만 자치체는 일반적으로 정책법무와 이것에 수반되는 정부간의 소송법무에 관심을 두지 않았던 것이다. 그 결과 자치체에서는 법무위원회 내지 법무실을 설치하지 않았고 자치체의 정책법무는 문서과에서 틈나는 대로 하는 국가의 조례안을 모방하는 것에 지나지 않았다. 자치체가 법무위원회 혹은 법무실을 설치하고 있더라도, 시민으로부터의 소송법무(訴訟法務)가 중심이다.

국가에는 법제국이 있다. 새로운 정책 내지 법안을 만들 때 법안을 세련되게 다듬는 것은 당연하지만, 법제국은 새로운 정책 내지 법안이 기존의 국법과 모순되지 않는가를 심사하고 있다. 그리고 국제연합 등의 국제기구도 법무위원회를 가지고 있다. 그렇지만 일본의 자치체는 이 법무정책의 필요성을 국가에 대한 의존, 침묵과 복종으로 무시해 왔던 것이다. 일본의 자치체가 정부로서 본격적인 자립을 지향한다면, 권한 재원(財源)의 확대만이 아니라, 자치체에 정책업무에만 전념하는 법무위원회 내지 법무실을 반드시 설치해야만 한다. 그러기 위해 정책형 사고(政策型思考)에 숙련된 법무 담당 직원을 전문직원으로 양성할 필요가 있다.

물론 자치체의 독자적인 정책이라 하더라도 전국 기준인 국법의 탈법 · 위법은 안 되기 때문에 자치체의 정책 또는 조례와 국가의 정책 또는 법률 사이의 조정이 문제가 된다. 여기서부터 자치체의 정책법무가 요구된다. 따라서 자치체는 전문적인 법무직원을 양성할 필요가 있다. 연수로 행정법의 입문을 가르치는 것만으로는 대응할 수 없기 때문이다.

각 자치체에 고문 변호사가 있다고 말하기도 하지만, 일본의 변호사는 행정법에 그다지 능숙하지 않은 경우가 많다. 여기에는 일본에서 행정소송이 적다는 것도 하나의 이유로 작용한다. 그래서 행정소송을 민사(民事)사건으로 처리해 버리는 경우도 있다. 행정법은 정책법이기 때문에 끊임없이 변한다. 따라서 행정법에 미숙한 변호사는 대응할 수 없다. 적어도 변호사에게 법적 용어와 논리로 문제점을 설명할 수 있는 직원을 자치체 내부에 양성하지 않는다면, 고문변호사도 예전의 행정법이론이나 판례만으로 행정소송에 대응할 가능성이 높다. 이렇게 해서는 재판에서 지게 된다. 이 소송법무도 법무위원회 혹은 법무실의 과제이다.

앞으로 자치체의 정책법무는 정보공개, 행정절차에도 집중될 것이만, 특히 이제까지 시민에게 은폐되어 왔던 요강(要綱), 내규(內規)를 어떻게 정리, 공개할 것인가가 과제가 될 수 있다. 신정책의 법제화뿐만 아니라, 기존정책을 포함해서 정책법무를 둘러싼 과제가 많이 쌓여 있다.

자치체의 법무정책, 특히 정책법무에서 국가 차원의 관치·집권형 발상에 의한 기존의 행정법학은 자치체에서는 별로 도움이 되지 않는다는 문제점이 드러났다. 자치체는 지금까지 기관위임사무(機關委任事務)라든가 3할 자치(三割自治)를 비판해서 자치권 확충을 호소해 왔다. 그러나 자치체가 권한, 재원을 확충해서 제도개발에 몰두할수록 국가의 정책, 특히 국가 대형 프로젝트와의 조정, 비판에 대한 정책법무가 불가결하다. 자치권 확충은 시민들간에 또는 자치체와 정부 간의 관계에 대한 법무정책의 존재방식과 결부되는 것이다.

이 점에서 국법의 정책, 제도 기준으로서 위치에 주목해야 한다고 생각한다. 도로 기준을 비롯하여 광범위한 복지, 도시, 환경 등의 정책 기준 모두를 각각의 시정촌(市町村)에서 실험할 수 없다. 또한 3,000여 개의 자치체가 동일한 실험을 할 필요도 없다. 그렇기 때문에 국가가 자치체들의 정보를 집약해서 일정한 법기준 혹은 법준거 기준을 만드는 것이 요구된다. 국제적으로 볼 때, 예를 들면 질병대책에 관해서 후진국이 많이 뒤떨어진다면, WHO가 재빨리 정보를 집약해서 널리 알리거나 국제입법에 의해서 대응 기준을 제기하는 것이 필요하지 않겠는가? 국법으로서의 행정법도, 이러한 실용적(pragmatic)인 정책법으로서 반드시 필요하며, 끊임없이 시대와 더불어 정책변화가 일어나기 때문에 변해야 한다.

지금까지 행정법학에서는 조례(條例)는 법률에 대해서 한계가 있다며 조례의 한계만 강조해 왔다. 하지만 국법(國法)의 한계로서 전국 획일, 성청종할, 그리고 시대착오를 말하고 있지는 않다. 행정법학이 정책법무론 내지 입법론을 갖고 있지 않았던 것은 국법이 지나치게 국가 개념과 결합되어 완벽하다는 전제에 서 있었기 때문이다. 그로 인해 국법이 당파간 정치타협의 결과라는 것을 못 본 체하고 있었다. 그뿐만 아니라 문제가 지역규모로 심화 · 확대되는 도시형 사회가 되면 이른바 법 시스템은 국법만으로는 완결될 수 없고, 자치체법, 국제법과의 연동이 불가결하다는 인식도 시급한 과제이다.

일본의 법학은 종래의 입법을 국가 관료가 독점하고 국회는 단지 채결(採結)할 뿐이라고 간주하고 또한 국법 자체에 대해서도 전전(戰前)은 천황의 법, 전후(戰後)에도 국가의 법이라는 형태의 절대 · 무오류의 전제에서 출발하기 때문에 정책 만들기의 입법론은 불필요한 소인론(素人論)으로 평가되어 소송을 위한 정교하고 치밀한 해석론을 지향했다. 이래서는 곤란하다.

각 자치체가 각각의 지역특성에 맞게 국법을 자치입법에 포함하여 실용적으로 운용하는 것이 바람직하다. 전국 획일의 국법이지만, 홋카이도(北海道)와 오키나와현, 요코하마시와 사도(佐渡)의 촌에서 그 운용은 달라도 좋은 셈이다. 국법을 전국 획일형으로 강제하는 것은 후진국적 발상이기 때문에 근대화가 성숙된 선진국 단계가 되면, 국법은 다양하고 유연하게 운용될 수 있다는 것을 솔직하게 인식해야 한다. 반복해서 말하지만, 국법 자체는 전국 획일적일 뿐만 아니라, 성청 종할로 인해 조각조각 분리되어 있고, 정책 자체를 포함해서 시대에 뒤떨어져 있는 부분이 많다는 것을 솔직히 인식해야 한다.

단, 각 자치체 정책법무에 의한 유연한 운용이라 하더라도 개개의 직원이 즉흥적으로 이를 해석해서는 곤란하다. 자치체는 법무위원회 내지 법무실을 설치함과 동시에 운용을 바꿀 때에는 재판(裁判)까지 가는 것을 가정해서 단체장과 의회가 최종적으로 결정하는, 법운용의 정치책임을 지는 자세를 가질 필요가 있다. 법 운용의 자치체 기준이 되는 것이 자치체 기본조례(정책규범) 그리고 자치체 계획(정책내용)이다.

여기에서 자치체의 제도운용에 대해서 구체적인 논의에 들어가야 한다고 생각한다.

우선, 자치체 기본법으로서 기본조례를 만들 필요가 있다. 헌법은 국가 수준의 기본법이지만, 국제연합에서는 이 기본법을 헌장이라고 말하고 있다. 자치체가 정부로서 자립을 한다면 자치체 기본법으로서 이른바 기본조례를 갖지 않을 수 없다. 자치체 헌장으로서 차터(charter) 문제를 포함해서 일본에서는 이 문제를 앞으로 어떻게 생각해 나갈 것인지라는 문제가 제기되고 있다. 우선 각 자치체가 국가 수준의 헌법에 입각해서 자치체 기본법으로서 기본조례를 제정하고, 자치체의 정책, 제도개발의 자립성을 향상시켜 가는 것이 시급한 과제이다.

이 기본조례는 장기, 종합의 자치체 계획과 함께 국법운용(國法運用) 내지 정책법무의 자치체 기준으로 작용하고, 자치체 차원에서는 국법의 상위 기준으로 규정된다. 이른바 자치체 헌장 문제는 GHQ 원안에도 있었기 때문에 헌법 제정 시점부터 논쟁이 있었고, 그 이후에도 계속되어 왔지만 필자는 우선 각 자치체가 기본조례를 만들고, 그 경험, 사례를 축적 · 집약하면서 논의를 심화할 필요가 있다고 생각한다.

그리고 시민 참여의 제도화가 있다. 자치체에서 직접민주제도와 대표민주제도를 결합하는 해결책이 시민참여이다. 지금까지 대표민주제도의 장(長) 의회가 주된 것이고, 직접민주제도로서의 시민 참가는 부차적인 것이라고 생각되어 왔지만, 이것은 정 반대의 생각이었다. 직접민주제도가 간접민주제도의 토대이다. 장 · 의회는 의회 민주주의 내지 시민 참가를 토대로 하고 있다.

일본에서도 1960년대 이래 시민활동의 등장을 배경으로 자치체는 시민 참가를 활성화하는 다양한 제도개발에 노력하기 시작한다. 형해화(形骸化, 형식뿐이고 가치나 의미가 없어지는 것—역자주)되어 가는 면도 있지만 문제별, 지구별(地區別) 쟁점 또는 정책 기획의 책정 집행의 절차까지를 포함하는 시민 참가에 대해서 지역특성을 살리면서 끊임없이 새로운 가능성을 만들어 가는 것이 영구혁명으로서 민주정치의 숙명이다. 주민투표, 옴부즈맨(ombudsman) 등을 제기하는 것도 바로 그 때문이다.

이 같은 시민 참가에 발맞추어 「정보공개조례」가 불가피하지만, 여기에서는 자치체가 국가보다 앞서고 있다. 또한 국가의 「행정절차법」이 1993년에 미약하게나마 일단 제정되었지만, 이것은 국가 수준에서 이루어졌기 때문에 자치체 수준에서의 「행정절차조례」가 만들어지게 되었다. 이 조례가 만들어지자, 요강 · 내규(要綱 · 內規)의 책정 · 공개에서 집행으로 시민 참가가 한층 더 확충되었다. 정보공개 행정절차로부터 지금까지 관청

(오카미)으로 머물렀던 자치체를 더욱 변화시키게 되었다.

다음은 자치체의 권한 · 재원 문제이다.

자치체의 권한에 관해서는 일본은 개괄예시방식(概括例示方式)을 취하고 있다. 이에 대비되는 것이 제한열거방식(制限列擧方式)이다. 제한열거방식에서는 국가, 자치체가 각각 과제영역을 '분할'하고, 자치체의 권한영역에 대해서는 자치체가 거의 전권을 가지고 실행할 수 있다. 그러나 그 권한영역을 벗어날 경우에는 월권행위로 제재의 대상이 된다. 그렇지만 개괄예시방식에서는 자치체가 국가와 다른 자치체의 '전'(全)과제영역에 대해서 폭 넓게 권한을 실행할 수 있다. 일본에서는 국가가 중추영역으로 생각하는 것은 국가의 기관위임 사무로 취급되고 있다. 특정과제에 대한 이러한 기관위임사무의 수단을 가짐에도 불구하고, 「지방자치법」 2조 3항은 예시에 지나지 않기 때문에 예시 이외의 것을 광범위하게 수행하더라도 월권행위는 되지 않는다. 바로 앞에서 말했던 국제정책 내지 자치체 외교가 그 전형이다. 예시가 없어도 할 수 있다.

분명 분권화를 둘러싼 기관위임사무는 복지행정을 둘러싼 골드 플랜(gold plan)에서 보이는 것처럼 보조금에 의한 규제를 남기면서도 폐지의 방향으로 움직이고 있다. 건설행정을 자치체의 장(長)이 '대행'(代行)할 수 있다는 규정도 만들어졌다. 자치체의 정책 수준이 높아졌기 때문이지만 여기에서 본 개괄예시 자체의 의의에 주목하고 싶다.

국가가 기관위임사무를 자치체에 맡기기 위해서는 개괄예시가 편리했다. 그렇지만 오늘날 이 개괄예시가 자치체가 필요한 시책을 스스로 독자적으로 할 수 있는 형태로 역전된 것이다. 1960년대 이후 자치체가 국가에 앞서 국법을 넘어서, 복지, 도시, 환경 또는 교육, 산업 등에서 선구적으로 과제를 수행할 수 있었던 것은 이 때문이다. 자치체가 시행시책을 선구적으로 실행할 수 있는 것은 이러한 개괄예시방식이기 때문에 가능하다.

기존 이론처럼 일본의 자치체는 기관위임사무 때문에 독자 권한이 작다는 사고방식을 가질 필요는 없다. 또한 시정촌(市町村)이나 현(縣)이 종합계획을 만들 때, 그것을 원래 자치체의 독자적인 과제영역이기 때문에 국가의 기관위임 사무를 포함하고 있다. 그 때문에 기관위임사무방식의 원칙적인 폐지를 포함하는 권한의 분권화가 당연하지만, 오늘날 기관위임사무를 포함한 자치체의 '전'(全)정책과제에 대해서 자치체의 정책 제도의 책정능력 또는 책정책임이 문제가 된다. 따라서 기관위임사무를 폐지하고 이를 '국법 기준의 자치과제'(自治課題)라고 재규정하면 된다. 당연히 국가의 인허가 그리고 행정지도원칙 역시 폐지해야만 한다.

자치체의 재원(財源)에 대해서는 조금씩 그 재원분배가 바뀌고 있다. 그러나 이른바 예전의 '3할 자치론'은 수입론(收入論)에서 유래하고 있다. 일본의 재정학은 지금까지 수입론 중심으로 구성되어 왔고, 지출론(支出論)은 미개척 분야로 남아 있었다. 필자가 시빌 미니멈론을 제기했을 때, 주로 재정학자로부터 비판이 나왔는데, 무엇보다 시빌 미니멈론이 지출 공준(支出公準)을 전개하고 있었기 때문에 그 의의가 이해되지 않았던 것 같다.

이른바 지출론은 정책론이다. 수입론은 재원론이다. 지출의 분류에 대해서 자치체에서는 오늘날도 지출목적별, 즉 사업별 대분류에서는 내무성(內務省) 시절부터의 토목비(土木費), 위생비 등으로 하고 있다. 각 자치체가 국가의 통계와는 별도로, 시책을 독자적으로 유형화하고, 각 자치체에서 이 유형화를 축적해 간다면, 머지않아 새로운 분류도 완성되어 갈 것이다. 또한 지출론을 행정경영 내지 재무관리와도 결합시켜 인건비도 포함된 원가계산 사업채산, 그리고 공사(公社) 등과의 연결결산의 공개를 당연히 추진해야만 한다.

실제로 자치체에서 예산사정(豫算査定)을 사업별로 하고 있음에도 불구하고, 의회에 제출하는 예산은 관항(款項)별로 분류하여 시민 스스로나 직원, 단체장 · 의회도 이해할 수 없게 되었다. 앞으로 예산은 결산을 포함해서 관항별과 동시에 독자적인 정책분류에 의해 사업별로도 제출하고, 최소한 이 사업별 분류에는 인건비도 넣는 것이 필요하다고 생각한다. 선구적 자치체에서는 이를 이미 시작하고 있는 곳도 있다. 이들 앞선 자치체에서는 단체장 · 의원, 직원뿐만 아니라 시민이나 정당도 시책의 내부에 대한 깊이 있는 논의를 할 수 있고 의회의 예산수정도 용이해진다.

특히 정책비용을 어떻게 볼 것인가라는 문제가 있다. 행정이 시빌 미니멈을 초과해서는 안 되지만, 원가가 비싸더라도 시빌 미니멈으로서 불가결하다고 시민 내지 자치체가 판단하면 당연히 정책으로 승인된다. 0세 유아보육의 비용은 상당히 들지만 비용을 공개해서 0세 유아보육의 비용이 들더라도 '우리' 자치체는 이를 시빌 미니멈으로 실시한다고 결정하면 괜찮은 것이다.

그러나 역으로 비용이 싸다고 해서 자잘하면서 쓸데없는 시책을 늘려 직원이 그것 때문에 바빠진다면 이러한 정책은 정리하는 것이 당연하다. 국가의 보조금이 적다고 비판하지만, 시정촌(市町村)이나 현(縣)의 시책도 영세해졌다. 골격이 튼튼한 전략시책이 기본이다.

문제는 시책방법, 비용을 포함하여, 자치체 계획에서 '우리' 자치체가 시빌 미니멈을 어떤 수준에서 설정할 것인가에 있다. 이 비용을 시민, 직원, 의회에 공개해서 논점, 나아가 선택지를 명확히 하는 것이 정책책정의 기본이다. 재원이 무한대가 아니고 수입 증가가 끝났다고 한다면, 더욱더 정책의 폐기와 책정(scrap and build)에 대한 재무관리 내지 행정경영이 필요하다.

또한 수입론(收入論)의 사고방식도 바뀔 필요가 있다. (1) 이른바 3할 자치에서 지방 교부세 교부금, 보조금을 포함시키면 자치체가 사용하는 절대량은 전체의 2/3이다. 이 2/3는 선진국에서도 높은 수준으로서 일본의 자치체는 가난하다고 할 수 없다. 단지 국가로부터 조건부로 재분배된 1/3 때문에 자치체는 국가에 종속되게 된다. 그리고 (2) 3할 자치라 하더라도 GNP가 1960년대부터 압도적으로 커지고 있기 때문에 절대량도 커졌다. 100억 엔의 3할이라고 하면 30억 엔이지만, 2000억 엔의 3할이라고 하면 600억 엔이다. 그 가운데 물가의 상승, 인건비의 상승 등도 있지만, 절대량으로서 자치체 재원도 커졌다.

문제는 이 재원의 사용방식인데 수입론 중심으로는 자치체의 재정 상황을 파악할 수 없다. 자치체는 이 재원을 사용해서 1960년대, 70년대, 80년대의 30년간 시빌 미니멈의 '양적 충족' 을 진척시켜 왔다. 1960년대는 '빈곤과 결핍' 의 시기였기 때문에 인구수에 따른 보육원의 양적 충족이 시급한 과제였다. 그렇지만 1990년대 오늘날, 보육원도 학교와 함께 넘쳐나고 전체적인 시빌 미니멈의 양적 충족은 국가 기준에서 볼 때 거의 끝났다고 볼 수 있다. 그 결과, (3) 자치체의 재원은 상대적으로 여유를 갖게 되었다.

남아 있는 큰 문제는 환경오염 내지 공해이다. 공해는 반영구적인 문제로 규정할 필요가 있다. 자동차 공해나 호수, 하천의 오염 등을 포함해서 기존의 공해도 남아 있고 새로운 공해도 나오고 있다. 또한 지구규모에서의 온난화, 사막화라든가, 또한 산성비라는 문제도 있다. 이러한 생태위기를 둘러싼 공해는 반영구적인 과제가 된다.

여기에 덧붙여 일본을 자치체 전체로서 보자면, 유감스럽지만 아직 하수도의 정비 문제가 남아 있다. 이것이 경제대국의 현실이다. 그러나 이것도 계획적으로 행정을 실행해 온 자치체에서는 이미 해결되었다. 따라서 수입에 있어서 재원의 유무와는 별도로 각각의 자치체가 계획적으로 정책을 실행했는가라는 지출의 구조를 볼 필요가 있다.

어떤 현의 인접한 3개의 시 가운데 A시는 역 앞에 고층 빌딩도 세우고, B시는 현청(縣廳) 소재지이기 때문에 은행의 지점 등도 세웠다. 나도 가끔 갔었지만 C시는 1960년대에 논밭이 펼쳐져 있었다. 그러나 30년이 지난 오늘날 C시는 가장 먼저 하수도 문제를 100% 해결했다. 그러나 A시, B시는 아직 정비율이 50% 전후이다.

말하자면 오늘날은 각 자치체가 재무관리 · 행정관리에 대한 정책책임을 개별적으로 평가받는 셈이다. 예전처럼 3할 자치 또는 기관위임사무 중심이기 때문에 또는 '국가독점자본주의'이기 때문에, 자민당이 영구정권이기 때문에 등과 같은 핑계로 국가에 책임을 미룰 수가 없다. 전후 반세기가 지나고 각각의 자치체가 어떠한 행정실적을 축적했는가라는 정책책임이 문제가 되는 것이다.

위에서 권한 · 재원 문제를 살펴보았지만, 오늘날 이른바 자치체간의 행정격차라고도 할 정책 수준의 격차가 발생하고 있다. 「지방자치법」이라는 공통의 큰 틀 아래에서 계획적인 자치체와 임기응변적인 자치체 사이에 정책 수준 · 행정실적에서 커다란 격차가 생기게 되었다. 따라서 당연하지만 지출론, 즉 정책론을 중시하지 않을 수 없다.

일본의 자치체에서 공해는 반영구적인 과제이지만 하수도를 제외하면, 시빌 미니멈 내지 국가 기준의 양적 충족은 거의 막바지에 이르게 됐다. 방재를 위해서도 공원, 녹지 등 양적으로 아직 부족한 정책영역이 있다면 조속하게 채워 나가면 된다. 또한 인구급증지구 이외에서 보육원, 유치원, 초 · 중학교는 넘쳐나고 있다. 고등학교도 넘쳐나기 시작했다. 오늘날 자치체에서는 이 잉여시설을 어떻게 전환할 것인가가 긴급한 문제가 되고 있다. 폐쇄할 것은 사립인가 공립인가, 이러한 선택이 문제이다. 즉, 시빌 미니멈의 양적 충족, 즉 개별 시책의 포화 단계에서 이러한 어려운 문제가 제기되고 있는 것이다.

이미 1980년대 이래 시빌 미니멈의 양적 충족을 바탕으로 자치체는 질적 정비로 향하고 있다. 이것이 이른바 '문화행정' 이라는 자치체의 신정책과제이다. 이 같은 문화행정은 국가가 아니라 앞선 자치체가 먼저 제기했다. 오늘날에는 현, 그리고 시정촌에서도 앞선 자치체의 대부분이 수장부국(首長部局)에 문화실을 설치하고 있다. 문화 수준이 높아진 시민을 '교육' 한다는 시대착오적인 사회교육행정, 자립적인 시민문화활동과 대항하는 평생학습의 행정으로는 자치체 정책 전반에 걸친 문화행정에 착수할 수 없다. 문화행정은 (1) 기존의 개별 시책에서 드러난 낮은 문화 수준을 수정하는 '행정의 문화화' 와 함께 (2) 자치체 계획의 기둥이 되는 '문화전략' 에 각 자치체가 관심을 기울이는 단계를 맞이하고 있다.

마지막으로 권한 · 재원의 분권화를 포함하는 광범위한 제도개혁의 문제이다. 제II장에서 말했지만 1993년 국회에서 분권결의가 이루어졌다. 만일「지방분권대강법」에 의해서 국가의 권한을 현, 시정촌으로, 현의 권한을 시정촌으로 위임하는 수직분권이 진행되기 시작하면 앞선 자치체는 그렇다고 치더라도 자치체가 대응능력을 가지고 있는가라는 심각한 사태에 직면하게 된다. 이러한 분권화를 지향하는 '제도개혁' 은 1960년대 이래 일본의 자치체가 '정책개발' 에 노력했기 때문에 비로소 1990년대가 되어서 국정의 정치과제가 될 수 있었던 것이다.

4. 자치체 정치의 신사고(新思考)

이상의 논점에 입각해서 오늘날의 상황을 크게 정리하고자 한다.

우선, 행정 개념에서 세 가지 혁명이 있다.

(1) 행정기구가 자치체, 국가, 국제기구로 3분화된다. [그림 4], [그림 12]를 다시 한 번 보기 바란다. 행정은 이제 국가 차원에서 관치 · 집권형 통일을 할 수 없다. 일본의 헌법학, 행정법학 또는 정치학, 행정학도 지금까지는 국가 중심으로 생각하는 경향이 많았지만 이제 현실과 동떨어지게 되었다. 자치체의 행정기구,

여기에는 시정촌이 3,000여 개, 현이 47개가 있다. 그리고 성청인 국가의 행정기구, 그리고 복수의 국제기구 각각의 행정기구도 있다. 이렇게 행정기구는 삼분화해 왔다.

(2) 행정기구는 이제 공공정책, 정부정책을 독점할 수 없다. [그림 8]과 같이 시민과 단체 · 기업도 이를 분담한다. 이러한 분담을 어떻게 상호 조정할 것인가가 각 정부 차원의 과제가 된다. 자치체에서는 장기 · 종합계획은 이런 과제에 집중하지 않을 수 없다. 이곳은 행정기구가 책임을 지고, 저곳은 시민의 수비범위, 또한 저곳은 단체 · 기업이 담당한다는 형태로 책임을 명시한다. 그 중간에는 이른바 제3섹터 등도 추가된다.

(3) 행정기구는 유연한 미완의 조직이라는 것이다. 마르크스나 베버가 생각한 것과 같이 단단하게 완성된 조직은 아니다. 따라서 항상 개혁되고 바뀌지 않을 수 없다. 앞으로도 끊임없이 행정기구의 부서(部課) 내지 정책제도의 폐기와 책정(scrap and build)이 가속화될 것이다. 말하자면 양적 충족이 달성된 행정의 포화상태인 부분에서는 감량이 진행됨과 동시에 새로운 분권화 · 국제화 · 문화화 또는 고령화, 정보화를 향한 행정은 양적으로 늘어나게 된다. 즉, 행정기구는 완성된 것이 아니고, 유연한 미완의 조직으로 생각할 필요가 있다.

이상이 행정 개념에서 세 가지 혁명이다. 이것에 정치 개념의 혁명이 추가된다. 그것은 정치의 다원화 중층화이다. 종래의 정치 이미지는 국가 개념을 중심으로 형성되어 왔지만 오늘날은

[그림 4]처럼 정치의 배경은 완전히 바뀌었다.

우선 첫째, 시민활동이 정치행정에 적극적으로 참가하게 된다. 그리고 둘째, 단체 · 기업도 마찬가지이다. 첫째와 둘째는 지역규모에서 지구규모까지 그 범위가 무한대이다. 그리고 정당도 복수이다. 이 첫째와 둘째, 그리고 복수 정당의 정치 참여가 이른바 다원화이다. 또한 셋째, 자치체 넷째, 국가 다섯째, 국제기구라는 3층의 형태로 정부는 중층화되어 간다. 여기서 자치체의 정부로서의 위치와 함께 왜 자치체가 국제정책을 갖고 자치체 외교를 추진하는지 그 이유가 이해될 수 있다고 생각한다.

이런 방식으로 다원적 · 중층적으로 정치를 생각하지 않을 수 없기 때문에 국가 개념의 의인화, 특히 단일국가법인과 같은 사고방식으로는 오늘날의 정치에 대응할 수 없다. 자치체에서도 기초 자치체, 광역 자치체 각각은 독자적인 권한 · 재원과 책임영역을 갖고 있다. 이것이 앞서 말한 행정 개념의 혁명과 연결된다. 메이지 국가의 해체 · 재편이 불가피한 이유이다.

자치체 행정기구 내부에서는 앞서 말한 바와 같이 폐기와 책정(scrap and build)의 가속화로 '직무전환' 이 급속하게 향상된다. 보육원, 유치원, 초등 · 중학교, 또 고등학교가 남아돌고, 비어 있는 교실 또는 폐교 문제와 함께 직원의 배치전환도 시급한 과제가 되고 있다. 하수도도 100% 공급이 끝나면 건설이 아니라 유지관리의 시대에 접어들게 되고, 하수도 담당부서의 재편이 이루어진다. 이처럼 기존 개별 시책의 끊임없는 포화와 함께 계속해서 등장하는 신규 개별 시책의 끊임없는 개발이 요구되고 있다. 또한 각 정책과제는 광범위하게 양적 충족에서 질적 정비로 옮겨 가고 거기에 정책 수준의 상승이라는 행정의 문화화가 지향된다. 이로 인해 직원 연수(研修)도 다시 논의된다.

이것만이 아니다. '직무의 변용'도 일어난다. 특히 OA의 도입과 더불어 개개의 직무가 끊임없이 변용된다. 1960년대 이후 기업 현장은 점차 변하기 시작했다. 반년 파견근무에서 돌아와 보니 벌써 직장은 변해 있다는 것이 1960~70년대의 기업 현장에서 일어났고, 자치체도 1980년대가 되자 점차 이러한 단계가 되었다. 이와 함께 '직무의 외주화[外化]'도 진행된다. 조금 전에 말한 시민활동이라든가 단체 · 기업 또는 제3섹터 등이 업무를 분담하는 형태로 청사 밖으로 나아가는 형태도 있다.

오늘날 행정기구는 내적으로 항상 변하지 않을 수 없다. 이 과정에서 자치체 직원은 서기형(書記型), 노무형(勞務型)에서 차례로 기획자(planner)형, 프로듀서(producer)형으로 바뀌고, 장기적으로 보면 자치체 기구 자체가 싱크탱크(sink tank), 즉 정책조직이 되어간다. 그렇지 않으면 오늘날의 자치체 기구에서는 국가의 성청과 똑같이 시민의 문화 수준, 단체 · 기업의 정책 수준 변화에 대응할 수 없다.

이러한 변화 속에서 「지방공무원법」도 실제로 기반을 상실하게 된다. 「지방공무원법」이 가정해 왔던, 자치체 직원은 신분을 종신보장 받게 되고, 모든 행정을 책임진다는 시대는 사라지고 있다. 접수처에서 컴퓨터 사용업무 등은 외부의 파견 직원이, 시설관리는 제3섹터가, 복지에서는 자원봉사 시민이, 설계는 컨설턴트 회사가 맡아 하는 것이 일상이 되고 있다. 또한 자치체 직원의 외국 파견이라든가, 외국인 공무원의 채용도 있다. 자치체의 행정기구도 공무원 신분으로서의 등질성을 잃어버리고 복잡한 복합체가 되어가는 현상에 대해 이것을 어떻게 정리해서 재구성할 것인가가 시급한 과제가 되고 있다.

유의해야 할 것은 일본의 자치행정은 지금까지 젊은 층을 위한 보육원, 유치원, 그리고 학교 등이 시책의 중심이었던 것이다. 하지만 젊은 층 인구가 현저하게 감소하고, 시설들이 넘쳐나기 시작함에 따라 이제는 점차 고령화에 대한 대응이 필요하다. 그래서 자치체 행정 전체가 젊은 층에서 노년층으로 기울어지게 된다. 개별 시책의 폐기와 책정(scrap and build)은 물론, 이제부터는 직원의 직무이동도 빨라지고, 고령화 사회에 어울리는 행정기구로 전체가 재구성된다.

이미 도시형 사회로의 이행, 그리고 자치체의 정책자립에 의해 자치체에도 새로운 조직이 만들어졌다. 일찍이 그 첫걸음으로서 1960년대부터 기획실, 홍보실이 만들어졌다. 도시형 사회로 들어서고 일본 자치체의 정책 자립이 시작되는 단계에서 기획실이라든가 홍보실이 만들어졌던 것이다. 자치체가 국가 성청의 종적 하부기구로부터 자립해서 지역종합화를 추진하기 위해 그 전제가 되는 장기적 · 종합적인 자치체 계획의 책정 · 추진과

맞물리면서 국가 성청의 종적인 행정을 횡적으로 종합하기 위한 기획실, 홍보실을 만들었다.

1980년대가 되면 현이나 시에서는 조금 전에도 말했던 것처럼 '국제화' 에 대응해서 국제실이 설치된다. 졸저 『자치체의 국제정책』(學陽書房, 1988)을 참조하기 바란다. 또한 '문화화' 에 대응해서 문화실이 교육위원회의 사회교육 · 생애학습행정과 별도로 자치체(長)의 부국(部局)에 만들어지기 시작한다. 졸저 『사회교육의 종언』(筑摩書房, 1987년)에서 논점을 정리했지만, 한층 더 개성 있는 지역 만들기를 추진하기 위해 디자인실도 최근 추가됐다.

오늘날에는 이것에 덧붙여서 새로이 '분권화' 에 맞추어진 법무실이 필수적으로 설치되고 있다. 앞선 자치체는 이제 법무전문직원을 두게 되었다. 자치체 직원인 天野巡一 · 岡田行雄 · 加藤良重 編著의 『정책법무와 자치체』(일본평론사, 1989년)는 선구적인 작업이다.

요컨대 종적으로 국가 성청에 의견을 여쭈어 보는 것이 아니라 시정촌은 시정촌으로서, 현은 현으로서 정책자립을 하기 위해 이러한 법무실, 국제실, 문화실이라는 횡적 조직이 필요하게 된 것이다. 자치체는 1960년대 이후부터 '분권화 · 국제화 · 문화화' 라는 행정 스타일의 전환을 위해 1960년, 70년대 혁신 자치체를 탄생시켰고, 이를 계승하는 제2단계에 착수하였으며 이것은 1990년대의 분권개혁으로 이어진다.

일본의 자치체를 둘러싼 기본논점을 말했지만 여전히 몇 가지의 정치논점이 남아 있다.

(1) 1960년대 이후 정책개발을 실행할 수 있는 직원을 양성했던 선구자형의 앞선 자치체가 전국적으로 급속하게 전개되고 있고, 「지방분권대강법」이 만들어졌다고 해도 대응할 수 없는 자치체가 여전히 남아 있을 것이라는 문제가 있다. 그러나 이러한 개혁은 분권화를 둘러싼 '과도조치' 와도 관련되지만, 제II장에서 보았던 '성숙개혁' 이기 때문에 자치체는 당연히 일을 계획대로 처리해 간다. 오늘날 분권화에 의해서 시(市)가 정령시(政令市)와 같은 수준의 권한 재원을 갖는다고 하더라도 정촌(町村)에서는 자치체 연합이라든가 현에 오히려 역위임(逆委任)하는 형태를 취하게 될 것이다.

(2) 정관재(政官財) 복합이 국가 수준만이 아니라, 현 수준, 시정촌 수준에도 있다는 것이다. 사실 시정촌 수준이나 현 수준에서도 정월 초에 신년축하회가 있다. 여기에는 단체장과 의원 그리고 자치체의 간부직원도 출석한다. 단체 · 기업의 유력자, 경영자도 나온다. 자치체 수준의 정관재가 한 장소에 모이는 기회이다.

정관재 복합은 도시형 사회의 정치구조로 볼 때, 국가는 물론 자치체에서도 결코 없어지지 않는다. 이 같은 정관재 복합은 국제기구 수준에도 있고, 국제시민활동, 국제단체 · 국제기업도 각 국제전문기구와 관련되어 있다. 특히 특정 정권이 장기간 계속되면 정관재가 서로 유착해서 행정의 정체뿐만 아니라 구조적인 뇌물수수 스캔들의 모태가 된다. 시민에서 출발하는 규칙을 도입해서 투명하게 하는 것과 동시에 복수정당간, 의회-단체장간의 비판 긴장을 유지하고, 선거에 의한 장(長)의 교체에 의해서 이 정관재 복합이 '정관재 유착'이 되는 것을 끊임없이 차단하는 것이 불가결하다.

(3) 이상의 (1)(2)의 논점과 연관해서 이미 제I장에서 보았지만, 일본의 자치체에서는 각 당이 공조하는 단체장 선거가 확대되고 있는 것도 사실이다. 그 결과 다선(多選)이 되면서 투표율도 저하되어 40%를 밑돌게 된다. 그때 자치체에는 야당이 없어지기 때문에 정책 수준만이 아니라, 가짜 전표, 식비, 제수당 등으로 인해 행정기구의 내부규율이 해이해진다.

이 세 가지 정치 문제의 해결 여부는 자치체 그리고 국가의 정치가가 쟁취형의 양적 충족에서 생활환경의 질적 정비로 정책전환을 극적으로 제기하고 또 매스컴이 이런 정책전환에 얼마나 빨리 대응할 수 있는가에 달려 있다. 이렇게 되기까지 당분간 시간이 걸리는 것은 감수해야 한다. 일본 시민의 정치 성숙도, 그리고 국가와 똑같이 자치체의 장(長) · 의원 내지 정당의 문화 수준 · 정책 수준이 문제가 되고 있는 것이다. 그렇지만 정치성숙 내지 문화 수준 · 정책 수준 또한 국가와 마찬가지로 직원 수준의 상승과도 연관되어 있기 때문에 그렇게 간단히 바뀌지는 않는다. 세대교체를 포함해서 이제 당분간 기다리지 않으면 안 될 것이다.

물론 1960년대부터의 시민활동을 기점으로 일본의 자치체가 쌓아 올린 성과가 오늘날 자치체의 수준이 되고 있다. 무(無)에서 유(有)는 창조할 수 없다. 이미 축적되어 나타나는 각각의 자치체의 수준이 내일의 자치체의 가능성을 보여 주고 있다. 그때 오늘날 급선무인 분권화는 국제화와 함께 자치제의 이러한 가능성을 또다시 '비약' 시킬 수 있을 것이다.

후기

자치체는 일본이 도시형 사회에 진입하여 시민활동, 자치체 개혁이 전개되는 1960년대부터 변하기 시작하여 도시형 사회가 성립되는 1980년대에 크게 바뀌었다. 1995년의 「지방분권추진법」 제정도 여기에서 유래하고 있다.

물론 모든 자치체가 바뀐 것은 아니다. III장에서 살펴보았듯이 선구적인 자치체와 잠자는 자치체의 분화가 일어나고, 그 격차가 확대되고 있기 때문에 어디에 살고 있는가, 어느쪽을 원형으로 생각할 것인가에 따라 자치체 변화에 관한 실감이 달라진다.

그렇지만 전체로 볼 때, 자치체 행정은 무능해서 권한 · 재원도 없고 부패가 만연하고 있다는 기존의 사고방식은 근본적으로 바꿀 필요가 있다. 그리고 절대 · 무오류라고 생각되었던 국가 성청에 대해서는 오히려 '행정의 열악화' 때문에 시민, 자치체뿐 아니라 국제사회에서도 비판이 제기되고 있다.

오늘날 도시형 사회로의 이행에 따라 일본의 '분권화 · 국제화' 가 긴급과제가 되고 있다. '규제완화' 와 함께 '지방분권' 이 정치적 과제로 떠오른 이유가 여기에 있다. 이러한 정치과제는 관치 · 집권의 폐쇄형인 메이지 국가의 해체 · 재편을 의미하기 때문에 얼마간 우여곡절을 겪게 될 것이다.

근래 기회를 얻어, 최근에 논의했던 일본의 자치 · 분권의 모습, 사고방식을 종합한 것이 이 책이다. 시민활동의 등장, 자치체 개혁의 출발에서 시작된 제1의 전기(轉機), 1960년대에서 시작하여 1990년대는 제2의 전기가 되었는데, 일본의 자치 · 분권을 살펴본 이 책은 이 제2의 전기에 관한 필자 나름의 전체 전망이다.

냉전의 종언, 자민당 장기집권의 종결에 따라 1993년 메이지 이후 처음으로 분권화에 관한 국회결의가 중 · 참(衆 · 參) 양원에서 전회일치(全會一致)로 처리되고, 1995년에 비로소 「지방분권추진법」이 성립되었다. 패전에 의한 전후 개혁도 관료 주도의 위로부터 개혁이었기 때문에 전전(戰前) 체질의 관치 · 집권정치가 신헌법에 따른 겉모양의 변화에도 불구하고 지속되었다. 하지만 1960년대부터 '정책' 의 분권화를 축적하여 겨우 혹은 드디어 '제도' 의 분권화가 1990년대 정치무대에 등장했던 것이다.

그러나 이 「지방분권추진법」은 I, II장에서 보았던 것처럼 국가 성청의 저항, 국회 대응의 지체로 후퇴한 내용이 되었고, 실질적으로 내각의 "지방분권추진위원회" 설치법으로서 이 위원회에 위임되었다.

그렇지만 우선 이것을 분권화를 향한 첫걸음으로 자리매김해 두자. "지방분권추진위원회"에서는 구체적인 논의가 이미 진행되고 있다. 1960년대 이후의 경험과 이론의 축적이 있고, 또한 관치 집권정치가 열악해졌다고 광범위하게 비판되고 있어서 분권화에 대한 성과를 얻을 수 있기 때문이다. 다만, 각론 수준에서 성청의 반격을 막아내기 위해서는 끊임없이 총론, 즉 자치의 원점에 입각한 사고방식이 불가결하다는 점을 강조하고 싶다.

도시형 사회에서 지역규모에서 지구규모로 확대되는 시민활동의 전개, 자치체 정부로서 자립이라는 자치 분권 조건의 성립, 발상의 전환이 일어나고 있기 때문에 시간이 걸리더라도 머지않아 현행의 「지방자치법」이 재편될 것이다.

다시 말하지만 분권화와 국제화는 연동되어 있다. 오늘날 국가의 분권화가 없으면 국가의 국제화도 없다는 긴장감이 그 배경에 있다. 또한 도쿄 한곳에 집중되어서 지진, 테러에 취약해진 국토구조의 다각 분산의 문제도 제기되고 있다. 그뿐만 아니라 '지방분권'이라는 정치 · 행정의 분권화는 또한 경제 · 사회의 분권화로서 '규제완화'와 동형(同型)이라는 것도 지적하고 싶다. 이것이 분권화를 메이지 국가, 즉 관치 · 집권정치의 해체 · 재편으로 자리매김하는 이유이다.

이러한 자치 · 분권에 대한 논쟁은 1960년대 이후 개별적인 논점을 포함해서 다양하게 논의되었을 뿐만 아니라 이론 정리도 진행되어 오늘날 자치체 이론의 수준을 형성하여 왔다. 자치체를 둘러싼 전후의 이론 또는 정책 · 제도개혁의 쟁점에 대해서는 나루미 마사야스(鳴海正泰) 씨의 『지방분권의 사상 · 자치체 개혁의 궤적과 전망』(學陽書房, 1994년)이 1960년대 이전을 포함하여 다양한 개별 쟁점을 역사적으로 정리하고 있다. 최근 젊은 자치체 이론가들이 폭 넓게 배출될 수 있었던 것에는 그 배경으로서 앞선 자치체의 업적은 물론이고, 자치체를 둘러싼 경험 기술과 이론의 축적이 있다.

필자 나름의 자치체 이론에 대해서는 졸저 『전후정치의 역사와 사상』(ちくま學藝文庫, 1994년)의 해설에서 말한 바 있다. 또한 자치체의 이론 정리에 대해서는, 졸저 『정책형 사고와 정치』(東京大學出版會,1991년)를 참고하기 바란다.

1950년대 후반 이후, 각지의 다양한 시민활동, 또는 지구로(地區勞, 지구노동조합협의회의 준말—역자주)는 60년대까지였지만 그 후 생활협동조합, 청년회의소 등의 선진지구와 문화 서클의 여러분들, 그리고 시정촌, 현을 포함한 많은 자치체 직원, 長 · 의원 여러분들의 가르침을 받았다. 또한 폭 넓게 자치체를 둘러싼 이론가 여러분들과 다양한 논의의 기회를 즐겁게 가질 수 있었다. 특히 도쿄 다마(東京多摩) 지구의 자치체 직원이 만들고 있는 1978년부터의 "通達硏究會", 이것을 계승해서 명칭을 바꿨지만 "先端行政硏究會", "行政技術硏究會"에서 연구교류를 계속해 왔다. 이상의 여러분들께 다시 한 번 감사의 뜻을 바치고 싶다.

각 장의 출처는 다음과 같다.

I. 國民文化會議 시리즈, 『지금, 왜 자치분권인가』, 世織書房, 1995년.

II. 神奈川縣, "지방시대 심포지엄", 1994년(最終回) 基調報告

III. 北海道 市町村 振興協會 硏究討論會報告, 1994년.

IV. 日高六郎 編, 『전후 일본을 생각한다』, 筑摩書房, 1986년.

V. 地方自治總合硏究所 소책자 『자치체의 기초이론』, 1994년

이 책 한 권으로 정리하며, 처음 썼던 시점의 문맥 속에서 가필을 하였다. 또한 강연이기 때문에 몇 가지의 논점에는 중복이 있지만 중복을 남겨 두고 있다. 넓은 마음으로 이해해 주길 바란다.

I, IV장에 관해서는 언제나 적절한 기획을 설정해 주신 히로세(廣賴藤芳, 國民文化會議事務局長) 씨, II장에서는 "지방시대 심포지엄"의 시작에서 최종회까지 직 · 간접적으로 연출을 담당해 주신 고토 히토시(後藤仁, 전 神奈川縣 自治總合硏究센타 소장), III장에서는 자치체의 가능성을 탐색하면서 신선한 문제제기를 계속해 주신 간바라 바사루(神原藤, 北海道大學 法學部敎授), 모리 케이(森啓, 北海道大學 法學部敎授), V장에서는 자치체의 국제정책에 전심으로 몰두해 주신 우치다 가즈오(內田和夫, 지방자치총합연구소) 여러분들께 신세를 지고 있다. 깊이 감사드린다.

이 책은 이와나미 신서(岩波新書)의 『도시정책을 생각한다』(1971년), 『시민자치의 헌법 이론』(1975년)에 이어지는 3부작이 되었다. 첫째는 '정책'을 중심으로 도시형 사회의 이행을 배경으로 하는 발상, 이론의 전형(轉型)을 제기하고, 둘째는 '제도'를 문제삼고 메이지 이후, 전후(戰後)에도 계속되는 헌법학 행정법학의 패러다임 전환을 말했지만, 이번에는 1960년대 이후 자치체 개혁의 '역사'를 요약하면서 자치체의 문제 상황을 다시 정리하고 있다. 국가 개념의 종언에 따르는 자치체, 국가, 국제기구로의 정부의 삼분화(三分化)가 그 기조가 되고 있다. 이런 의미에서 이 3권의 책은 국가, 계급, 농촌의 시대에서 시민, 자치, 도시 시대로의 필자 나름의 발걸음이라고 보아 주신다면 고맙겠다.

이 3권 모두 이와나미 서점(岩波書店)의 오쓰카 신이치(大塚信一) 씨가 담당해 주셨다. 오쓰카 씨를 처음으로 만난 것은 1966년 『思想』의 젊은 편집부원으로서 그 해 6월호에 "시민적 인간형"에 대해서 기고했을 때였다. 1960년대는 커다란 대전환의 시기였고 사회과학의 이론대립, 특히 당파논쟁이 격심한 시대였다. 편집에도 고생을 하셨다고 생각한다. 이번에도 다시 한 번 감사의 말씀을 드리고 싶다.

1995년 11월

마쓰시타 게이이치(松下圭一)

역자의 말

냉전의 종언, 자민당 장기집권의 종결에 따라 1993년 메이지 이후 처음으로 분권화에 관한 국회 결의가 중의원과 참의원에서 모두 채택되었고 1995년에 「지방분권추진법」이 성립되었습니다. 일본의 전후 개혁은 패전과 신헌법의 성립에도 불구하고 관료 주도의 위로부터 개혁이었기 때문에 전쟁 전의 메이지형(明治型)의 중앙집권적 관치정치가 지속되었습니다. 하지만 1960년대 혁신 자치체를 중심으로 '정책' 분권화가 추진되었고 90년대 '제도'의 분권화가 정치일정에 오르게 된 것입니다.

일본의 자치체가 분권의 '경험'을 축적해 오면서 새로운 '가능성'을 열어올 수 있었던 배경에는 자치체의 권한이 제한열거식(制限列擧)이 아니고 개괄예시방식(概括例示)이기 때문입니다. 이런 권한방식은 국가에 앞서 자치체가 복지 · 도시 · 환경 혹은 산업 · 교육, 또 인권 · 평화 등의 과제영역에서 정책개발에 열중하고 국가를 선도할 수 있도록 했습니다. 오늘날 자치체는 국제정책, 외교까지 논의하고 추진하고 있습니다.

일본의 자치체는 재원면에서도 풍부한 여유를 가지고 있습니다. 종래 '3할 자치' 라고 하면서도 자치체는 7할의 재원을 사용했습니다. 자치체 고유재원 3할에 지방교부세 교부금 2할, 보조금 2할을 합해 7할인 것입니다. 이런 분배율은 선진국 중에서도 높은 수준입니다.

일본의 자치 분권화의 전망은 밝다고 하겠습니다. 도시형사회에서 지역규모에서 지구규모로 확대되는 시민활동의 전개, 자치체 정부로서 자립이라는 자치 · 분권의 조건이 성립되고 발상의 전환이 일어나고 있기 때문에 자치 분권화는 더욱 가속화될 것입니다.

일본의 자치 분권에 대한 기대는 일본 시민뿐만 아니라 이웃나라에서도 큽니다. 일본의 자치분권화가 이웃나라와의 근린우호로 연결될 가능성이 크다고 보기 때문입니다. 90년대 호소카와(細川護熙) 수상은 철저한 지방 분권을 내용으로 하는 '질실국가론'(質實國家論)을 제안하면서 지방 분권화는 국제문제에 대한 관심보다 국민 생활수준 향상을 더욱 지향하게 될 것이고 그 결과, 일본의 대외정책은 '근린우호' 정책으로 변화할 것이며 이웃나라 또한 평화적으로 철저히 분권화되고 시민에 의해 통

치되는 일본을 더 이상 경계하지 않을 것이라고 전망했습니다(細川護熙 編,『日本新黨: 責任ある變革』日本新黨事務局; 細川護熙, 石國哲人,『ひなの論理』〈東京:光文社〉).

역자의 전망도 비슷합니다. 자치 분권화가 중앙집권적이면서 폐쇄적인 메이지 국가의 해체와 재편을 의미하기 때문에 일본의 자치 분권화는 보수적 민족주의 세력이 재등장하고 있는 일본 사회에서 건전한 견제세력을 만들어 낼 수 있다고 기대합니다. 한일관계와 동아시아의 우호와 협력을 위해서도 분권화는 '또 하나의 희망' 이 되고 있습니다.

역자의 게으름 탓에 번역이 너무 지체되었습니다. 인내심을 가지고 번역출판을 기다려 주신 저자, 한림대 일본학연구소, 소화출판사 모든 분께 감사드립니다. 그리고 항상 사랑과 따뜻한 격려를 보내 주시는 어머님, 장모님께 진심으로 감사드리고 바쁘게 공부하면서도 딸 지연이를 바르게 키우고 있는 아내에게도 고마움을 전하고자 합니다.

저자/마쓰시타 게이이치(松下圭一)

1929년 후쿠이현(福井縣) 출생

1952년 도쿄대학(東京大學) 법학부 졸업

정치학 전공

현재 호세이대학(法政大學) 법학부 교수

저서 : 『시민정치이론의 형성』(이와나미서점), 『현대정치의 조건』, 『현대 일본의 정치적 구성』, 『전후민주주의의 전망』, 『현대정치학』, 『시빌 미니멈의 사상』, 『도시정책을 생각한다』(이와나미신서), 『시민자치의 헌법이론』(이와나미신서), 『신정치고』, 『시민자치의 정책 구상』, 『시민문화는 가능한가』(이와나미서점), 『사회교육의 종언』, 『로크 시민정부론을 읽는다』(이와나미서점), 『도시형사회의 자치』, 『쇼와 후기의 쟁점과 정치』, 『정책형 사고와 정치』, 『전후정치의 역사와 사상』, 『현대정치의 기초이론』

역자: 양기웅(梁基雄, 1964~)

서울대학교 외교학과 졸업

도쿄대학(東京大學) 국제정치학 석사, 박사

현재 한림대학교 정치외교학과 부교수

저서 : 『미일통상협상』(한울, 1998), 『일본의 외교협상』(소화, 1998), 『동아시아 협력의 역사, 이론, 전략』(소화, 1999), 『국제화와 세계화—한국, 중국, 일본』(집문당, 2000), 『분열의 민주주의』(공저, 소화, 2001), 『세계화와 한국』(공저, 을유문화사, 2003), 『한국 근대지식인의 민족적 자아형성』(공저, 소화, 2004)

번역 : 『상대화의 시대—지구시민의 국제정치』(소화, 1998)

한림신서 일본학총서 발간에 즈음하여

1995년은 제2차 세계대전이 끝나고 우리나라가 일본 식민지에서 해방된 지 50년이 되는 해이며, 한 · 일간에 국교정상화가 이루어진 지 30년을 헤아리는 해이다. 한일 양국은 이러한 역사를 되돌아보면서 앞으로 크게 변화될 세계사 속에서 동북아시아의 평화와 번영을 추구해야 하리라고 생각한다.

한림대학교 일본학연구소는 이러한 역사의 앞날을 전망하면서 1994년 3월에 출범하였다. 무엇보다도 일본을 바르게 알고 한국과 일본을 비교하면서 학문적, 문화적인 교류를 모색할 생각이다.

본 연구소는 일본학에 관한 자료를 수집하고 제반 과제를 한 · 일간에 공동으로 조사 연구하며 그 결과가 실제로 한 · 일관계 발전에 이바지할 수 있도록 노력하고자 한다. 그러한 사업의 일환으로 여기에 일본에 관한 기본적인 도서를 엄선하여 번역 출판하기로 했다. 아직 우리나라에는 일본에 관한 양서가 충분히 소개되지 못했다고 느껴지기 때문이다.

본 연구소는 조사와 연구, 기타 사업이 한국 전체를 위해야 한다고 생각하며 한 · 일 양국만이 아니라 다른 여러 나라의 연구자나 연구기관과 유대를 가지고 세계적인 시야에서 일을 추진해 나갈 것이다. 그러므로 누구나 열린 마음으로 본 연구소가 뜻하는 일에 참여해 주기를 바란다.

한림신서 일본학총서가 우리 문화에 기여하고 21세기를 향한 동북아시아의 상호 이해를 더하며 평화와 번영을 증진시키는 데 보탬이 되기를 바란다. 많은 분들의 성원을 기대해 마지않는다.

1995년 5월

한림대학교 일본학연구소